pfeiffer

Zu diesem Buch

Spieltherapie ist ein Verfahren, das die spezifische »Sprache« des Kindes, nämlich den Ausdruck im Spiel, berücksichtigt und dies als Medium für einen psychotherapeutischen Prozess nutzt. Im Spiel stellen sich Kinder dar, sie kommunizieren über das Spiel und drücken in symbolisierter Form wichtige Botschaften aus.
Die hier vorgestellte – analytisch orientierte – Methode ist ein praxisnaher Ansatz, der von verschiedenen psychotherapeutischen Schulen adaptiert werden kann. Szenisch wird die Methode deshalb genannt, weil die Konflikte vom Kind selbst auf der Spielebene dargestellt und – mit Hilfe des Therapeuten – hier nach Möglichkeit gelöst werden können. Ein speziell zusammengestelltes Spielset aus über hundert ansprechenden Holzfiguren wird dabei zum Medium des Prozesses. Das Set erleichtert dem Kindertherapeuten / der Therapeutin die Arbeit, kann aber auch durch andere vorhandene Figuren ersetzt werden.

Wolfgang Krucker, Dr. phil., ist analytisch orientierter Psychotherapeut, Mitarbeiter am Kinder- und Jugendpsychiatrischen Dienst St. Gallen, daneben Privatpraxis. Autor von »Strukturbildende Psychotherapie« (Springer, 1987) und »Partner der Innenwelt. Analytische Imaginationstherapie« (Walter, 1995).

Wolfgang Krucker

Spielen als Therapie – ein szenisch-analytischer Ansatz zur Kinderpsychotherapie

J. Pfeiffer Verlag · München

Reihe »Leben lernen«
Nr. 113
herausgegeben von Monika Amler und Siegfried Gröninger

Printed in Germany
Gesamtherstellung: G. J. Manz AG, Dillingen
Umschlagentwurf: Michael Berwanger, München
Titelbild: Archiv des Autors

ISBN 3-7904-0647-3

Inhalt

Vorwort

Das vorliegende Buch basiert auch auf Erfahrungen, die der Autor während seiner langjährigen Tätigkeit als Psychotherapeut, Supervisor und klinischer Lehrer in unserer Institution gemacht hat.

In unserer Institution arbeiten Fachleute verschiedener Herkunft. Wir streben eine Interdisziplinarität an, in der jedes Wissensgebiet mit dem anderen kommuniziert. Dabei sollen Kompetenz und Erkenntnisweise von jedem Fachgebiet gefördert werden. Das Wohl der Patienten und der Behandlungsauftrag haben dabei im Vordergrund zu stehen.

Bei unserer Arbeit haben wir uns immer wieder die Wichtigkeit vor Augen zu führen, einen Zugang zum Erleben der Patienten zu finden. Dies ist nur bedingt durch das Vermitteln quantitativer Normen erlernbar resp. lehrbar und darf daher sicher auch als Kunst bezeichnet werden.

Die Gegebenheiten in einer Institution bieten wichtige Voraussetzungen für die Suche nach und die Überprüfung von geeigneten Zugangsformen zum Erleben der Patienten. Es können hier im Team Erfahrungen gesammelt, einer kritischen Reflexion zugeführt sowie mit anderen Erfahrungen und theoretischen Konzepten in Verbindung gebracht werden. Auf diese Weise können Konzepte erarbeitet, laufend einer praktischen Überprüfung zugeführt und allenfalls modifiziert werden. Der Austausch gesammelter Erfahrung ist institutionsintern, aber auch über die Grenzen der Institution hinaus wichtig.

Das im vorliegenden Buch Dargelegte lässt die Orientierung des Autors am phänomenologischen Gedankengut spüren. Die beschriebene Spieltherapie wird als spezifische Technik aufgefasst, die in einem übergeordneten Therapieprozess auch anderer Prägung einzuordnen ist.

Nach der Veröffentlichung von »Strukturbildende Psychotherapie« und »Partner der Innenwelt, analytische Imaginationstherapie« ist dies bereits das dritte Buch des Autors. Auch wenn es vor allem als Bericht aus der psychotherapeutischen Praxis für die psychotherapeutische Praxis zu verstehen ist, ist ihm zu wünschen, dass es auch als wertvoller Beitrag im Rahmen wissenschaftlicher Diskussionen einen Platz findet.

St. Gallen, 02. September 1996

Dr. med. R. Zollinger
Chefarzt des Ostschweizerischen
Kinder- und Jugendpsychiatrischen
Dienstes, St. Gallen

Einleitung

Wenn Erwachsene sich für das Spiel von Kindern interessieren, wird ihr Alltag meistens reicher. Kinder sind dankbar für das Interesse an ihrer Phantasie und ihren Aktivitäten. Sie mögen Erwachsene besonders dann, wenn diese ihre kindliche Spielwelt mit ihnen teilen. Vielleicht suchen sie Bestätigung oder Anregung und zeigen daher stolz, was sie alles können. Über das Spiel finden die Kinder einen Kontakt zu Erwachsenen. Sie können das, was sie im Moment beschäftigt, mit jemandem teilen, der sich in dieser Welt noch ein Stück sicherer bewegen kann als sie selbst. Vielleicht erfahren die Kinder von den Erwachsenen eine Anregung, eine Bestätigung oder eine Erweiterung ihrer eigenen Möglichkeiten. Geht ein kleiner Junge oder ein Mädchen im Spiel auf die Jagd, weiss der Vater möglicherweise, wie dies zu bewerkstelligen ist. Spielt das Kind mit der Puppe, erfährt es von der Mutter, welche Pflege das Baby braucht.

Die Erwachsenen ihrerseits werden im Spiel aus den Erfordernissen des Alltags entlassen und kehren für einen Augenblick in den zweckfreien Raum des Spiels zurück. Sie weiten ihre aktuelle Gegenwart mit den dabei auftauchenden Erinnerungen bis in die Vergangenheit ihrer Kindheit. So trifft sich im Spiel Vergangenheit und Gegenwart, kindliche und erwachsene Welt, Phantasie und Realität.

Es ist deshalb nicht verwunderlich, dass sich auch Kindertherapeutinnen und -therapeuten gefragt haben, wie das Spiel für ihre Arbeit eingesetzt werden könnte. Im Laufe der Jahrzehnte sind denn auch verschiedene Schulen der Kinderpsychotherapie entstanden. Die hier vorgestellte szenische Spieltherapie will eine kindgerechte Form mit einer fundierten fachlichen Sicht und einer leicht praktikablen Art verbinden. Bei diesem Prozess des Suchens, Fragens und Sammelns von Erfahrungen in unseren Weiterbildungsseminaren halfen meine Fachkolleginnen und -kollegen Evelyn Baumann, Doris Bianchi, Vera Brunner, Patrick Hug, Lilie Howaldt, Winfried Maerz, Margrith Nebel, Alice Rousselot und Elisabeth Waldeck. Diese Arbeit wäre auch nicht möglich gewesen ohne die Erfahrungen und Konzepte aus der Imaginationstherapie, wie sie uns von Hermann Maass vermittelt wurden. Mein alter Freund Peter Kaufmann fertigte aus formlosem Holz im Rahmen eines kleinen Arbeitsbeschaffungsprogramms in Sri Lanka die schönen Figuren, die hier als Spielset verwendet werden. Ihnen allen möchte ich herzlich danken. Ebenso danke ich dem Chefarzt des Kinder- und Jugendpsychiatrischen Dienstes St. Gallen, Herrn Dr. med. R. Zollinger, der diese Arbeit ermöglicht und unterstützt hat. Nicht zuletzt bin ich Frau R. Markmann zu großem Dank verpflichtet, die in gewohnt souveräner Art meine Manuskripte entziffert und getippt hat.

Die Grundidee der szenisch-analytischen Kinderspieltherapie

Spieltherapie ist ein Verfahren, das die spezifische »Sprache« des Kindes, nämlich den Ausdruck im Spiel, berücksichtigt und dies als Medium für einen psychotherapeutischen Prozess nutzt. Da im Gegensatz zu Erwachsenentherapien die ursprünglich von Freud vorgeschlagene Methode der verbalen freien Assoziation für Kinder nicht geeignet schien, ging es darum, ein anderes Medium als diese Assoziationen zu finden. Was lag näher, als im kindlichen Spiel diese Sprache zu suchen. Im Spiel stellen sich Kinder dar, sie kommunizieren über das Spiel und drücken in symbolisierter Form wichtige Botschaften aus. Aus dieser Idee heraus entwickelten sich verschiedene Formen von Spieltherapien mit einem historisch bedingten schulenspezifisch je anderen Hintergrund.

Die hier vorgestellte szenisch-analytische Kinderspieltherapie will eine Methode möglichst praxisnah beschreiben, die von verschiedenen Schulrichtungen adaptiert werden kann. Szenisch wird dieser Ansatz deshalb genannt, weil einige spezifische Aspekte des affektiven Ausdrucks auf eine Spielebene verlegt und die entsprechenden Strukturen vom Kind selber szenisch mit Spielfiguren dargestellt werden. Analytisch ist diese Therapie deshalb, weil die zugrunde liegenden therapeutischen Konzepte ihre Wurzeln in der Psychoanalyse haben, wenn auch einzelne Aspekte, vor allem auch der philosophische Hintergrund, weiterentwickelt wurden und sich in der therapeutischen Praxis jetzt anders darstellen.

Bei Kindertherapien stellt sich nicht nur die Frage nach der spezifischen Bedeutung der Übertragung und dem Konzept von Deutung im Zusammenhang von Abwehr und Widerstand, sondern vor allem auch die Frage nach einem kindgerechten Vorgehen. Dies bezieht sich sowohl auf die theoretischen Konzeptionen als auch auf die praktische Gestaltung der Kinderspieltherapie. Im Hinblick auf die theoretischen Überlegungen ergibt sich der Gedanke, das kindliche Spielverhalten für den therapeutischen Prozess so zu nutzen, dass neben der Beziehungsebene der therapeutische Prozess explizit in die Spielhandlung hineinverlegt wird. Dies setzt voraus, dass das Spiel nicht an formale und äussere Regeln gebunden ist, so wie das bei den meisten Gesellschaftsspielen der Fall ist. Vielmehr soll das Kind seine eigenen Vorstellungen, Bilder, Phantasien und Wünsche, kurz gesagt, seine eigene Struktur in einem Spielablauf zur Geltung bringen. Diese Prinzipien wurden durchaus in freien Spielhandlungen innerhalb von Therapien befolgt und sind zum Beispiel in der Sandspieltherapie nach D. Kalff verwirklicht worden.

In Anbetracht des Wunsches von Kindertherapeutinnen und -therapeuten, in einer möglichst praktikablen Art arbeiten zu können, ist es sinnvoll, ein vorgegebenes Set von Spielfiguren zur Hand zu haben. Oft ist es mühsam und zeitraubend, auf die Suche nach geeigneten Tier- oder Menschenfiguren zu gehen. Bei einem Set fällt dieser Aufwand weg. Ein Set kann beliebig und individuell erweitert werden, da für therapeutische Zwecke die Idee einer möglichen Standardisierung keine bedeutende Rolle spielt. Ebenso ist es möglich, einen Sandkasten wie bisher beizubehalten, genauso gut kann er in dieser Spielart weggelassen werden.

C. Emert (1994) faßt in ihrem Buch die bisherige Entwicklung von Spielsets zusammen. Margaret Lowenfeld entwickelte unter dem Einfluss von Melanie Klein das Weltspiel. Sie stellte eine Liste von Spielmaterial zusammen, mit dem das Kind quasi einen Mikrokosmos aufbauen konnte. Lowenfeld, die ab den zwanziger Jahren das »Institute of Child Psychology« in London leitete, sah in ihrer Arbeit mehr eine therapeutische Technik und beabsichtigte nicht, ein standardisiertes Material für die Diagnostik einzuführen.

Charlotte Bühler standardisierte dann Material und Verfahren des Weltspiels und nannte das neue Verfahren in den fünfziger Jahren »Welt-Test«. Der Welt-Test bestand aus Holzgegenständen, Häusern, Tieren und Menschen. Das Kind wurde aufgefordert, eine »ganze Welt« zu bauen. In der Auswertung wurden Anzahl und Typen der verwendeten Elemente beschrieben, andere Kriterien waren »aggressive Welt«, »leere« oder »verzerrte Welt«

Ausgehend von diesem Welt-Test führte Henri Arthus den »Test du Village« in den französischsprachigen Ländern ein. Eine ähnliche Methode wurde zwischen 1949–1964 in Schweden als »Erica Methode« beschrieben.

Wir verwenden ein Spielfigurenset aus handgeschnitztem Holz, bestehend aus über 100 Einzelteilen. Es ist so zusammengestellt, dass ein breites Spektrum menschlicher Erfahrung in symbolisierter Form angesprochen werden kann.

Ein wichtiger Gedanke bei der Zusammenstellung des Sets orientiert sich an der Theorie der phylogenetischen Entwicklung der Welt. Danach nehmen wir an, dass eine Entwicklungslinie vom mineralischen über den vegetativen und animalischen Bereich bis zur geistigen Stufe zu ziehen ist. Es sind dies vier Ebenen, die wir mit Gegenständen und Figuren besetzen wollen. Aus psychologischer Sicht ist dies sinnvoll, weil es viele Hinweise gibt, dass die psychische Entwicklung analog dieser phylogenetischen Entwicklung verläuft. Aus vielen Spieltherapien ist zu sehen, dass eine blockierte seelische Entwicklung analog auf einer symbolisierten mineralischen und vegetativen Ebene blockiert ist und dass sich nach und nach eine Nachreifung bis zur geistigen Ebene ergibt. Ebenso wissen wir zum Beispiel aus Imaginationsserien, dass sich manche Patienten anfangs in einer Wüste oder Einöde befinden. Vielfach belebt sich diese Welt nach und nach. Erst tauchen Pflanzen auf, dann Tiere, schließlich Menschen. Praktisch nie ist es umgekehrt, dass etwa eine belebte Menschenwelt verlassen wird und als Schlusspunkt einer Entwicklung beispielsweise die vegetative Ebene ins Zentrum der Besetzung rückt.

Für die erste mineralische Ebene können Steine, Muscheln, Glaskugeln, Kristalle, Sand oder ein Wasserteich verwendet werden.

Auf der zweiten vegetativen Ebene finden wir Wiesen, Bäume oder Tannen. Zum Teil tragen sie Früchte oder weisen bereits erste Formdifferenzierungen auf, die als eher männlich oder weiblich interpretiert werden können.

Die nächste animalische Stufe kann dreigeteilt werden in Wasser-, Land- und Lufttiere. Im Wasserbereich halten sich etwa die Fische, Enten oder der Frosch auf. Im Grenzbereich Wasser/Land finden wir das Krokodil oder die Pinguine. In der Kategorie der Landtiere ist eine weitere Unterteilung möglich, abhängig vom Grad der Domestizierung und der Nähe zum Menschen. Zu den ganz wilden animalischen Tieren gehören die Exoten wie Tiger, Löwe oder, als männliches Tier, der Elefant. Zu den wilden einheimischen Tieren zählen wir Fuchs, Bär oder Wolf.

Zu den domestizierten europäischen Tieren gehören Pferde, Kühe, Schafe, Ziegen, Hühner, Hund und Katze.

Zur dritten animalischen Stufe mit Tieren, die sich in der Luft bewegen, gehören Singvögel oder der Uhu.

Auf der menschlichen Stufe sprechen die Kinder unter anderem ein Bauer oder eine Magd an, kleine Kinder, aber auch archetypisch-mythologische Figuren.

Die theoretischen Überlegungen zur Methode einer szenischen Spieltherapie können gut mit diesem Set in die Praxis übersetzt werden, sind aber nicht spezifisch auf dieses Set beschränkt. Vielmehr ist es so, dass die Theorie einer szenischen Spieltherapie mit jedem geeigneten Spielmaterial umgesetzt werden kann.

Die hier vorgestellte Spieltherapie ist ein spezielles Verfahren und eine bestimmte Technik, die innerhalb eines größeren Therapieprozesses zu sehen ist. Zum Gesamtprozess gehören die Fragen der Indikation, der praktischen Durchführbarkeit, der Motivation und der Berücksichtigung des Umfeldes in Familie und Schule. Die Elternarbeit ist bei jeder Kindertherapie wichtig. Wie ist das Setting zu wählen? Wie soll das Verhältnis Kind/Elternarbeit aussehen? Will man überhaupt einzeln mit einem Kind arbeiten oder sind systemische Gesichtspunkte wichtiger? Was gilt es aus der Anamnese zu berücksichtigen und wie hat sich ein Kind individuell entwickelt? Welche Diagnostik ist vor einer Therapie einzusetzen? Auf was spricht das Kind in der Therapiestunde an und welche anderen Elemente als das Spiel sollen wie gewichtet werden? Diese und andere Fragen werden auch im Zusammenhang bei der hier vorgestellten Therapieform gestellt, sind aber nicht Gegenstand dieser Arbeit. Ich verweise dazu auf die entsprechende Literatur.

Theoretische Einführung in die Spieltherapie

Die historische Entwicklung zeigt, dass, ausgehend von verschiedenen Schulrichtungen ganz unterschiedliche Therapieansätze, aber auch Gemeinsamkeiten entstanden sind. Aus der Vielzahl dieser Schriften seien ein paar Autoren vorgestellt, die mit ihrer Arbeit die theoretischen Konzepte ihrer Richtung in die Praxis umgesetzt haben.

G. Biermann (1988) hat die Geschichte der analytischen Kinderpsychotherapie untersucht. Nach ihm lässt sich diese Entwicklung in drei Abschnitte gliedern:

1. Bis zum Ende des Ersten Weltkrieges kam es unter dem Einfluss der Entdeckungen der Psychoanalyse zu ersten tastenden theoretischen Überlegungen und vereinzelt zu praktischen Versuchen, kindliche Neurosen psychotherapeutisch zu behandeln.
2. In den 20er Jahren trugen vor allem die Schulen Anna Freuds und Melanie Kleins zu einer vertieften Auseinandersetzung mit der Kinderpsychotherapie bei.
3. Nach dem Zweiten Weltkrieg setzte eine zunehmende theoretische Fundierung und institutionelle Sicherung von Behandlungen im kinderanalytischen Bereich ein. Erstmals wurde in dieser Zeit auch eine berufliche Fachausbildung möglich.

Auf der Basis der Psychoanalyse wurde die Herausforderung einer kinderpsychotherapeutischen Tätigkeit insbesondere als Gelegenheit betrachtet, nicht nur Entstehung und Verlauf einer neurotischen Störung zu beobachten, sondern auch durch einen rechtzeitigen therapeutischen Eingriff einer neurotischen Fehlentwicklung bzw. Fixierung zu einer Charakterneurose vorzubeugen.

Die Entwicklung der Kindertherapie vollzog sich vorerst in zwei Richtungen, nämlich einer Wiener und einer Schweizer Schule. Aus dem Zweig der Wiener Schule entstand später die Berliner, Londoner und – durch die weitere Emigration von AnalytikerInnen – die nordamerikanische Kinderpsychotherapie.

Die Schweizer Schule entstand nach einer Begegnung des Zürcher Pfarrers Pfister mit Sigmund Freud. Sehr bekannt wurde dann H.

Zulliger mit seiner Arbeit. Er war ein Schüler von Pfister und schlug den Weg einer pädagogischen Anwendung der Psychoanalyse ein. Viele erziehungsbedingte Fehlentwicklungen von Kindern wurden dem patriarchal autoritären Erziehungsstil der Vorkriegszeit und der Auswirkungen von Schule und Lehrerschaft angelastet. Durch dieses Gedankengut und den pädagogischen Ansatz psychoanalytischer Erkenntnisse kam eine rege Diskussion über den Stellenwert der Erziehung bzw. des Therapeuten als Erzieherpersönlichkeit im Rahmen der Kindertherapie auf.

Gleichzeitig mit dem Aufblühen der Kindertherapie in der Schweiz bildete sich unter direktem Einfluss Freuds in Wien die analytische Kinderpsychotherapie und Erziehungsberatung. Als erste nichtärztliche Kinderanalytikerin gab Hermine von Hug-Hellmuth 1913 das Buch »Aus dem Seelenleben des Kindes« und »Zur Technik der Kinderanalyse« heraus. Sie war die erste Vertreterin der Spieltherapie, regte sie doch ihre kleinen Patienten zum Spiel mit Puppen und Spielzeug an, woraus sie danach ihre analytischen Folgerungen zog. Wichtige Einflüsse auf das Fortschreiten der Erkenntnisse im kindertherapeutischen Bereich in Wien hatten unter anderem auch Bernfeld, der mit Flüchtlings- und Waisenkindern arbeitete, Adler mit seiner sozialpädagogisch orientierten Kinderpsychotherapie und Erziehungsberatungsstellen sowie Aichhorn, der die Arbeit mit jugendlichen Delinquenten in ambulanten und stationäre Einrichtungen in den Vordergrund stellte.

1922 ließ Ada Müller-Braunschweig, eine Schülerin Hug-Hellmuths, in Berlin erstmals Kinder in der Therapiestunde zeichnen, malen und modellieren. Zu diesem Zeitpunkt siedelte auch Melanie Klein nach Berlin über.

Die Entwicklung der Kinderanalyse, die in den zwanziger Jahren einen ersten Höhepunkt erreichte, war durch die gegensätzlichen, bis zur offenen Kontroverse ausgetragenen Anschauungen Anna Freuds und Melanie Kleins bestimmt. Melanie Klein entwickelte eine besondere Spiel- und Deutetechnik, die als »Frühanalyse des Kindes« in die Geschichte einging. Mit der Übersiedlung Kleins nach London wurde eine eigene Schule für Kinderanalyse gegründet. Auf den Erfahrungen mit der »Frühanalyse des Kindes« zog

Klein weitreichende Schlussfolgerungen, welche der emotionalen Entwicklung des Kindes im ersten Lebensjahr eine entscheidende Bedeutung beimaßen. Sie lehnte eine erzieherische Einflussnahme auf das zu analysierende Kind ab und forderte eine konsequente Trennung der Behandlung des Kindes von Eltern und Elternhaus. In London entstand später eine Ausbildungsstätte für Kinderanalytiker nach der Schule Melanie Kleins.
Anna Freuds starke pädagogischen Interessen beeinflussten eine enge Zusammenarbeit mit Aichhorns Wiener Heimen und Erziehungsberatungsstellen sowie die kinderanalytische Entwicklung in der Schweiz. Anna Freud sah nur in vereinzelten Fällen von schweren Angstneurosen eine Indikation zur klassischen Analyse des Kindes, während sich in den übrigen Fällen der Kindertherapie der speziellen Situation des Kindes in seiner Familie anpassen sollte. Sie regte das Kind mit Spielmaterial zu Projektionen und Identifizierungen an, um eine intensive Übertragung beim Kind zu erreichen. Zum engeren Kreis Anna Freuds gehörten die Kinderanalytikerinnen Berta Bornstein, Edith Buxbaum, Margareth Mahler, Anny Katan, die später alle nach Nordamerika ausgewandert sind.
Durch die Herrschaft des Nazi-Regimes in Deutschland kam eine reiche Zeit an analytischer Arbeit auf dem Kontinent zum Abschluss und eine enorme Befruchtung der analytischen Kinderpsychologie und -therapie in England und Nordamerika wurde eingeleitet.
So konnte unter Anna Freud in London aus der Arbeit mit Kriegskindern die Hampstead Child Therapy Clinic begründet werden, eine wichtige Forschungs- und Ausbildungsstrategie für orthodox-analytisch ausgerichtete KinderanalytikerInnen.
Neben Anna Freuds und Melanie Kleins kindertherapeutischen Ausbildungsstätten entstand durch Margareth Lowenfeld eine weitere Ausbildungsstätte im kindertherapeutischen Bereich. Als wichtigen Bestandteil ihrer Kinderspieltherapie entwickelte sie die sogenannte »Welttechnik«, einen Sandkasten mit zahllosen Spielelementen, den Charlotte Bühler später zum »Welt-Test« standardisierte.

In der Schweiz trieb vor allem Zulliger auf dem Gebiet der Psychodiagnostik die Weiterentwicklung voran. Er betonte immer wieder die Notwendigkeit eines primären Vertrauensverhältnisses des Therapeuten zum Kind und dessen Eltern. Indem er sich unkonventionell und intuitiv dem sich anbahnenden Spiel mit dem Kinde überließ, erlaubte ihm die Kenntnis der psychodynamischen Hintergründe oft schon entscheidende Behandlungserfolge in ersten beratenden beziehungsweise therapeutischen Begegnungen. Er stellte im Laufe der Jahre fest, dass es in vielen Fällen auch ohne therapeutische Eingriffe, wie z. B. Deutungen, zu echten Heilungen kindlicher Verhaltensstörungen kam, indem die Kinder ihre seelischen Konflikte bis zur echten Konfliktlösung im affektbesetzten Spiel ausagierten. So entwickelte Zulliger die »nicht deutende Spieltherapie«, die sich dem Erleben des Kindes in der »magisch-animistischen Erlebnisphase« anpasst. In der welschen Schweiz machte sich Madeleine Rambert einen Namen; sie führte als erste das Puppenspiel in der Kindertherapie ein. Louisa Düss entwickelte die nach ihr benannte Fabelmethode als Therapie-Instrument.

In Frankreich traten Kinderpsychotherapeuten hervor: Erich Stern in einer konservativen Form einer erzieherischen Therapieform, Lebovici propagierte die Einführung des Psychodramas in der Kindertherapie, Dolto-Marette entwickelte ein »Spiel mit der Blumenpuppe«, das sich vorwiegend bei ich-geschwächten und autistischen Kindern bewährt hat.

In Nordamerika trafen die in den dreißiger Jahren emigrierten Kindertherapeuten auf eine im behavioristischen Denken geschulte dynamische Psychiatrie, welche der Annahme und Verwertung psychoanalytischen Gedankengutes aufgeschlossen gegenüberstand. Hilde Bruch und Melitta Sperling, beeinflusst von den Auswirkungen der psychosomatischen Schule (Alexander) in Chicago, stellten wichtige Untersuchungen auf dem Gebiet der Psychosomatik bei Kindern an. Eine nachhaltige Bereicherung zu den theoretischen Positionen der Kinderpsychologie stellte das Werk Eriksons »Kindheit und Gesellschaft« dar, das über die Kulturabhängigkeit früher Prägungen der kindlichen Ich-Entwicklung berichtete. Weitere wichtige Entwicklungen entstanden

durch Ekstein in Los Angeles und Bettelheim in Chicago, welche mit neuartigen Behandlungsmethoden autistische Kinder therapierten. In New York wurden Formen der Gruppentherapie für Kinder und Jugendliche entwickelt. Moreno mittels Psychodrama, Slavson mittels einer von Rogers und Axline abgeleiteten nicht-direktiven Therapiemethode.
Nach dem Krieg machte sich schließlich die Berliner Nervenärztin und Kindertherapeutin G. von Staabs einen Namen mit einem Puppenspielverfahren und der Entwicklung des Scenotests.
Ich möchte im Folgenden auf einige wichtige Arbeiten zur Kinderpsychotherapie zu sprechen kommen. Dabei ist die Auswahl keinesfalls vollständig, eine kurze Zusammenfassung kann den Autoren niemals gerecht werden, so dass ich die Ausführungen eher als Hinweise verstehen möchte.

Die psychoanalytische Kindertherapie nach Anna Freud

Folgende Darstellung orientiert sich an A. Holder, in: H. Petzold und G. Ramin (1987)
Die Kinderanalyse von A. Freud basiert auf einer psychoanalytischen Entwicklungstheorie und konnte viele aus Rekonstruktionen gewonnene Einsichten von S. Freud vertiefen, bestätigen und erweitern.
In einem der ersten Werke von A. Freud »Das Ich und die Abwehrmechanismen« befasst sie sich mit der Chronologie der Abwehrmechanismen und sie beschreibt die Verleugnung in der Phantasie, die Verleugnung in Wort und Handlung, die Ich-Einschränkung und die Identifizierung mit dem Angreifer als typische Abwehrformen bei Kindern, die Askese und die Intellektualisierung als charakteristische Abwehren bei Jugendlichen. Bezüglich der Projektion und Introjektion bestehen gegensätzliche Ansichten bei M. Klein und A. Freud. Erstere versteht beide als strukturbildende Prozesse, letztere als Prozesse, die auf der Sonderung von Ich und Außenwelt beruhen, auf einer bereits vorhandenen Differenzierung zwischen Selbst und Nicht-Selbst.
Beim Kind wie beim Erwachsenen wird die Neurose von seinem

Triebleben und vom »Über-Ich« bestimmt, aber in der Kinderanalyse spielen die Umwelt und die Beziehungspersonen als wichtige, für die Analyse jedoch unbequeme Faktoren noch eine weit stärkere Rolle als beim Erwachsenen. Die Ablösung von den ersten Liebesobjekten und die Identifizierungen werden erst langsam vollzogen. »Über-Ich« und Bezugsobjekte stehen noch in ständiger Wechselbeziehung. Die Triebabwehr bei Kindern erfolgt aus Realangst, aus Angst vor Bestrafung und Liebesentzug; bei Erwachsenen erfolgt sie aus Gewissensangst, ist also Funktion des »Über-Ichs«.

In »Wege und Irrwege in der Kinderentwicklung« hat A. Freud das bekannte Diagnostische Profil, ein metapsychologisches Entwicklungsbild entworfen, bei dem versucht wird, das bei einer Abklärung vorhandene Material über ein Kind nach dynamischen, genetischen, ökonomischen und strukturellen Gesichtspunkten in einen organischen Zusammenhang einzuordnen. A. Freud befasst sich mit den Konflikten, also mit den dynamischen und strukturellen Daten und unterscheidet dabei zwischen äußeren, verinnerlichten und innerlichen Konflikten. Im weiteren beschreibt sie darin einige wichtige sogenannte Entwicklungslinien und behandelt die Regression als Prinzip in der normalen psychischen Entwicklung. Sie macht eine Unterscheidung in Triebregression und Ich-Regression. Bei der ersteren besteht ein kausaler Zusammenhang zwischen Fixierungspunkten und Regressionen, während bei letzterer solche Fixierungspunkte nicht bestehen.

In einer ihrer letzten Arbeiten »Kinderanalyse als Untersuchung der psychischen Entwicklung: normal und abnorm« beschreibt A. Freud Faktoren, von denen Normalität oder Pathologie der Entwicklung wesentlich abhängen. Sie unterscheidet zwischen entwicklungsbedingten Störungen und neurotischen Störungen, die aber in engem Zusammenhang miteinander stehen. Bei den ersteren handelt es sich um primäre Störungen, die auf einem fehlenden Gleichgewicht wie mangelnde Synchronisierung und Dysharmonien in der Entfaltung und Entwicklung beruhen. Bei den letzteren werden in einer Abwehrsituation des Ichs gegen die primitive Triebbefriedigung neurotische Symptome gebildet.

Bezüglich Methodik und Technik der Therapie ist A. Freud in

den Anfängen der Kinderanalyse davon ausgegangen, dass die Angst vor Fremden, der fehlende Leidensdruck und die mangelnde Therapiemotivation bei Kindern eine sogenannte einleitende Phase erfordern, um das Vertrauen des Kindes, eine positive Übertragung und ein Arbeitsbündnis herzustellen. Später kam sie zur Überzeugung, dass auch die Analyse der Abwehr die anfänglichen Ängste des Kindes verringern kann. Ebenso wichtig wie das Behandlungsbündnis mit dem Kind ist auch die Unterstützung und das Bündnis mit den Eltern.

Als wichtige Unterschiede zur Erwachsenenanalyse beschreibt A. Freud, dass das Material des Kindes weniger durch Verbalisieren, durch die freie Assoziation eingebracht wird, als vielmehr durch Handeln, durch das freie Spiel oder durch Zeichnungen; dass das Ineinanderwirken von äußeren und inneren pathogenen Faktoren besonders wichtig ist und beachtet werden muss. Aber die Unterscheidung von äußerer Realität und innerer Welt im Material des Kindes, von Reaktionen auf gegenwärtige Ereignisse und der Wiederbelebung von vergangenen Ereignissen und Reaktionen ist oft sehr schwierig. Die Deutung von abgewehrten Triebinhalten, von Widerstand und Übertragung nimmt zwar ebenfalls eine zentrale Stellung ein, aber kann auch erhebliche Ängste auslösen und Widerstände verstärken. A. Freud beschreibt, dass deshalb zuerst eine behutsame, schrittweise Annäherung erfolgen muss, z. B. über Klarifikationen oder in indirekter Form über Geschichten und Dramatisierungen, und dass der Kindertherapeut weniger neutral sein kann und in einer viel aktiveren Rolle am Spiel des Kindes teilnimmt. Er ist nicht nur ein Objekt der Übertragung, sondern für den gesunden Anteil des Kindes auch ein reales Objekt, das neue Beziehungsformen anregt. Je nach Situation wird er vom Kind als Verführer oder als ein in die Außenwelt verlegtes Über-Ich erlebt und muss eventuell als Hilfs-Ich funktionieren.

Die Kinderpsychoanalyse nach Melanie Klein

Nach A. v. Siebenthal (in H. Petzold, 1987) lässt sich die Kleinianische Kinderpsychoanalyse folgendermaßen zusammenfassen:

Ausgehend von Freuds Lehre stellt M. Klein eine eigene Entwicklungstheorie des Kleinkindes auf, die von Objektbeziehungen in den frühesten Stadien bestimmt wird.
Eine erste Phase wird als die paranoid-schizoide Position bestimmt und dauert um die ersten drei bis vier Monate. Sie ist charakterisiert durch eine Spaltung der Objekte in Gut und Böse. Gleichzeitig gelten die primitiven Objektbeziehungen vorwiegend nur der Mutterbrust und nicht der ganzen Mutter. In diesem Sinne sind es Teilobjektbeziehungen. Das Entwicklungsziel liegt darin, die Introjektion und Identifikation mit der »guten Brust« zu erreichen. Es entsteht eine Angst beim Kleinkind, dass ein verfolgendes Objekt, nämlich die böse Brust, bei Frustration ins Ich eindringt und die gute Brust und damit das Selbst vernichtet. Dagegen werden die Abwehrmechanismen der Introjektion, der Projektion, der Verleugnung, Idealisierung oder projektiver Identifikation aufgebaut.
Eine zweite Phase sieht M. Klein in der depressiven Position, die circa vom dritten bis zum sechsten Monat dauert. In dieser Zeit realisiert das Kind, dass Befriedigung und Versagung von der gleichen Bezugsperson ausgehen, ebenso gelten Liebe und Hass der gleichen Person. Dadurch können sich Gefühle der Besorgnis, Schuldgefühle oder der Wunsch nach Wiedergutmachung bemerkbar machen. In dieser Phase werden Beziehungen gestärkt, die erhöhte Realitätsanpassung vermindert Ambivalenzen, Aggression, Angst und Schuldgefühle. Die Fähigkeit wird verlangt, gespaltenes Erleben zu überwinden und sich mit der ganzen Person auseinanderzusetzen. Bei Schwierigkeiten in der Verarbeitung dieser depressiven Position können neurotisch-intellektuelle Hemmungen entstehen mit depressiven Symptomen oder melancholischen Zuständen.
Ein Frühstadium des Ödipuskonfliktes ist schon bei der Brustentwöhnung und der Wahrnehmung der Beziehung zwischen beiden Elternteilen anzusiedeln, weil hier Neid ausgelöst wird. Aus Rache möchte laut Klein das Kind den Mutterleib zerstören oder sich die begehrenswerten Objekte, wie der Brust, bemächtigen.
Die psychoanalytische Spieltechnik nach Klein entspricht den Assoziationen der Erwachsenen und gibt dem Kind ein Gefühl von

Erleichterung. Als Ausdrucksmittel dient einfaches kleines Spielzeug, Zeichnungen, Rollenspiele und ein Waschbecken, weil dies Einblick in praegenitale Triebregungen geben soll. Die Spielsachen werden für jedes Kind getrennt in einer Schachtel aufbewahrt, ansonsten ist das Spielzimmer einfach gestaltet. Sobald das Kind seine Konflikte in irgendeiner Form zum Ausdruck bringt, setzt die Deutung ein. Schon in den ersten Stunden sei die Deutung von Koitusphantasien oder sadistischen Phantasien angebracht. Die positive und negative Übertragung setze beim Kind sofort ein. Mit der Deutung dieser Übertragung, aber auch des Spiels, wird der Zugang zum Unbewußten des Kindes eröffnet.
In der Therapie geht es primär um Angstbewältigung. Das Kind kann seine Aggressivität frei äußern. Phantasien und Ängste werden durch die Deutungstechnik auf ihre Ursprungssituation zurückgeführt.
Bezüglich Elternarbeit meint Klein, dass die Analyse nur dem Kind gehöre. Die Eltern sollen es darüber nicht ausfragen. Die Mitteilungen der Eltern über das Kind sind wissenswert, aber nicht unentbehrlich. Die Therapeutin gibt den Eltern allgemeine Mitteilungen über Sinn und Wirkung der Analyse. Ansonsten wird nicht speziell mit den Eltern gearbeitet.

Neuere psychoanalytische Konzepte

Vertreter einer neueren psychoanalytischen Kindertherapie ist H. Fahrig (in U. Lehmkuhl 1991). Seine Technik knüpft an die Tradition von Zulliger (1951) und Dührssen (1963) an. Nach ihm besteht das therapeutische Setting im Freiraum eines ansprechenden Spielzimmers mit Materialien, die kreatives Gestalten fördern. Die Konflikte des Kindes werden dann in Handlungen dargestellt, die von Affekten begleitet sind. Der unbewusste Konflikt wird so wiedergestaltend erlebt und dann, anders als bisher, vom Therapeuten akzeptiert. Diese Erfahrung soll vom Kind verarbeitet und im realen Leben eingeübt werden. Dabei wählen die Therapiekinder von selbst die unterschiedlichen Ebenen aus, auf denen sie ihre Konflikte anbieten. Auf diesen analogen Ebenen phantasieren sie

sich ihre Wirklichkeit. Die einzelnen Ebenen sind unterschiedlich weit vom reflektierenden Bewusstsein des Kindes entfernt.
Auf einer ersten Ebene der Übertragung auf den Therapeuten ist festzustellen, dass die Kinder sich meistens dem Therapeuten gegenüber sehr ähnlich verhalten wie gegenüber ihren Eltern. Fahrig gibt jedoch keine Übertragungsdeutungen, weil sich die Kinder gegen solche Deutungen wehren. Demgegenüber reagiert der Therapeut mit einer abwartenden Haltung, wie sie das Kind von seinen Eltern her nicht kennt. Dies entspricht eher dem Schweigen des Analytikers in der Psychoanalyse und bedeutet für das Kind eine korrigierende Realerfahrung am Therapeuten. Der Therapeut lenkt nun das Interesse des Kindes auf die analogen Ebenen, wo das Kind seine Übertragung einbringen soll. Diese Vorgehensweise steht im Gegensatz zur therapeutischen Methode von M. Klein und A. Freud. Begründet wird die Neuorientierung damit, dass das Kind bis etwa zur seinem zwölften Lebensjahr nicht operational wie ein Erwachsener denkt, sondern anschaulich und symbolisch. Ein durchschnittlich durch die Neurose labilisiertes Kind ist psychisch nicht reif, Übertragungs- und Widerstandsdeutungen zu ertragen. Dagegen entspricht die frei assoziierte Spielhandlung der freien Assoziation beim Erwachsenen.
Auf einer symbolischen Spielebene agieren nun die verschiedensten Figuren, die nicht die Kinder, deren Bezugspersonen oder der Therapeut sind, sondern deren Stellvertreter. Alle Spielhandlungen des Kindes sind vorbehaltslos zu unterstützen. Die Führung kann dem Unbewussten des Kindes überlassen werden.
Viele Kinder stellen dann ihre Situation auf dieser Ebene durch Tiere dar. Im Verlauf solcher Darstellungen werden Entbehrungen und Konflikte inszeniert. Im Verlaufe einer Spielhandlung kann das Kind dann z. B. böse Introjekte bekämpfen und schließlich integrieren. Falsche psychodynamische Spekulationen oder ein theoretisches Spekulieren über sogenannte frühe Störungen werden so überflüssig.
Eine zweite Möglichkeit besteht darin, dass die Darstellung über menschenähnliche Figuren geschieht. Der Therapeut kann sich mit seiner Spielfigur auf die von einem Kind angebotene Ebene begeben und in eine Interaktion mit der Figur des Kindes treten.

Er handelt und spricht von Figur zu Figur und nicht etwas direkt zum Kind. Die Offenbarungen auf dieser analogen Ebene kommen Fahrig wie ein intimes Geheimnis vor, das er nicht mit der Realität des Kindes in Verbindung bringen möchte. Gerade die Vermeidung des reflektierenden Bewusstseins ist eine Bedingung für die starke und heilsame Wirksamkeit einer Spielhandlung. Die in der Handlung unmittelbar mitvollzogenen Affekte reichen aus, um therapeutisch wirksam zu werden. Das Geschehen muss nicht zusätzlich auf der realen Ebene gedeutet werden. Der Vorgang der Bewusstwerdung besteht darin, dass unbewusstes Material von innen nach außen zur Darstellung gelangt. Diese Bewusstwerdung ist nicht identisch mit einem reflektierenden Bewusstmachen in Gedanken oder Worten. Das Deuten der Zusammenhänge und der Abwehrvorgänge erfolgt bevorzugt auf dieser analogen Ebene. Zusätzlich müssen in zahlreichen Fällen frühere Versagungen zunächst ausgeglichen werden durch vorübergehend gewährte Befriedigungen.

Kindertherapie aus der Sicht der Jungschen Psychologie

G. Broche (in H. Petzold, 1987) weist darauf hin, dass C. G. Jung nicht selbst mit Kindern gearbeitet hat und deshalb kein zusammenhängendes Konzept der kindlichen Entwicklung entworfen hat. Verschiedene Autoren, wie F. Wickes, E. Neumann, D. Kalff und M. Fordham, haben jedoch Jungsche Erkenntnisse für die Kindertherapie verarbeitet.
Ausgehend von den weitgespannten Gedankengängen Jungs haben sich verschiedene Richtungen der Kinderpsychotherapie entwickelt. In verschiedenem Ausmaß ziehen sie Erkenntnisse anderer Schulen hinzu und versuchen, deren Inhalt zu integrieren. Insbesondere werden Jungs Gedanken zu seinem Menschenbild berücksichtigt, so die Unterscheidung von persönlichem und kollektivem Unbewussten, Anima und Animus, die Archetypenlehre, seine Typologie und die Idee des Schattens und des Individuationsprozesses. Insbesondere geht es um die Wirkung von Urbildern wie der guten und bösen Mutter oder des guten und bösen

Vaters, der Beeinflussung durch die Energie eines Archteyps, auch wenn dies nicht bewusst ist.

Technisch gesehen werden das Sand-, Rollen- oder Kasperlspiel sowie Malen, Zeichnen oder Modellieren eingesetzt. Nach der Darstellung der Konflikte ist eine Hinwendung zur Regression wichtig, wo frühere Erlebnisse und Entwicklungsstufen nachgeholt werden können. Ebenso wichtig ist eine Hinwendung zum eigenen Inneren und zum Unbewussten. In der Regression geht es darum, dass eine Kraft aktiviert wird, die für die Selbstentfaltung und damit für die Heilung der Psyche sorgt.

Das Zeigen der angestauten Aggression, aber auch notwendige Grenzsetzungen sind wichtige Momente. Neben der Progression, wo das Kind zu bisher nicht wahrgenommenen Möglichkeiten findet, ist die Übertragung des Kindes auf den Therapeuten und dessen Gegenübertragung entscheidend. Ebenso ist die Arbeit mit den Eltern wichtig.

Das therapeutische Geschehen muss nicht unbedingt gedeutet, das heisst verbalisiert werden. Die auftauchenden Symbole haben eine so große Wirkung, dass sich eine Verbalisierung erübrigt.

Erich Neumann hat zudem die Entwicklung des Kindes verglichen mit der phylogenetischen Entwicklung des Menschen und seines Bewusstseins. Auch die Menschheit hatte nach ihm bestimmte Entwicklungsschritte durchlaufen, die nun als Erfahrungen im kollektiven Unbewussten die Entwicklung beeinflussen.

Neumann unterscheidet folgende Ich-Stufen:

Die phallisch-chthonische Ich-Stufe wird in zwei Phasen unterteilt, nämlich in die vegetative und die animale. Erstere Unterstufe dauert etwa bis zum neunten Monat, letztere bis etwa zum dritten Jahr. Damit sind Ich-Aktivitäten gemeint, die weitgehend von der Körperganzheit abhängen. Das Körperselbst konstelliert sich in dieser Entwicklungsphase und ist geprägt von *starkem Bezogensein der Mutter auf das Kind*, das weitgehend in der Einheitswirklichkeit lebt. Der Übergang von der passiv-vegetativen animalischen Stufe bedeutet, dass das Kind aktiver sich der Welt bemächtigt.

In der magisch-phallischen Ich-Stufe ist das Ich zu einem Bewusstsein zentriert, das sich zu systematisieren beginnt, ebenso in der magisch-kriegerischen Ich-Stufe. Sie dauern etwa bis zum fünften Jahr. Bis hierher gehören die Stufen noch ins Matriarchat: der Archetyp der großen Mutter beherrscht phylo- und ontogenetisch das Leben dieser Zeit. In der Phase des magischen Ichs wird das Selbst in seiner Totalität als zum Ich gehörig erfahren und das Selbst übt eine »magische Vollmacht« aus. Die Person erlebt sich noch nicht als ein Gegenüber der objektiven Außenwelt.

Die solar-kriegerische und die solar-rationale Ich-Stufe daran anschließend und in der Adoleszenz ist geprägt von einer Wandlung des hier vorherrschenden Männlichen resp. Väterlichen von einem »unteren« zu einem »oberen« Aspekt. Zur Symbolik des »unteren Männlichen« gehört das Feuer, das Vulkanische, der Löwe oder Tiger. Das »obere Männliche« zeigt sich in einer Verbindung zum Himmel mit dem geistigen Prinzip. Der Vaterarchetyp gehört dazu ebenso wie Symbole des Windes, der Sonne, der Vögel oder des Königs. Der konkrete Vater als Leitbild und Identifikationsfigur gewinnt an Wichtigkeit, der diese archetypischen Tendenzen im Unbewussten aktivieren hilft.

Die Sandspieltherapie nach Dora Kalff

Eine sehr bekannte und bewährte Therapieform ist jene des Sandspiels nach D. Kalff. Dazu dient ein speziell proportionierter Sandkasten, dessen Maße dem Blickfeld entsprechen und der einen hellblauen und wasserfesten Boden aufweist. Die Methode ist für Kinder und Erwachsene gedacht, die eine dem inneren Zustand entsprechende Welt im begrenzten Raum des Sandkastens mit Figuren und durch Gestalten des Sandes darstellen. Das Ganze soll vergleichbar sein mit einem Traumerlebnis im dreidimensionalen Raum.

Das Ziel der Therapie besteht darin, den Individuationsprozess anzuregen. Dieser Prozess der Bewusstwerdung der menschlichen Ganzheit strebt die Vereinigung von Gegensätzen an. Der Patient soll zu seinem »Selbst« kommen, als die dem Menschen zugrundeliegende Ganzheitsstruktur. Dieses Selbst beginnt sich nach Kalff im dritten Lebensjahr im Unbewussten zu festigen und ma-

nifestiert sich in Symbolen der Ganzheit wie Kreis und Quadrat. Das »Ich« als Zentrum der bewussten Persönlichkeit vermittelt zwischen den Ansprüchen der Außen- und Innenwelt.
Die ins Grenzenlose strebende Phantasie des Patienten wird im Sandspiel geformt und gestaltet. Eine Beschränkung dieser Möglichkeiten erfolgt durch den Sandkasten an sich und dadurch, dass der Patient eine Wahl aus vielen Figuren treffen muss. So kommt ein Prozess in Bewegung, wobei es ermöglicht wird, die verengende Perspektive festgefahrener Ängste und Vorstellungen zu durchbrechen und im Spiel einen neuen Bezug zur eigenen Tiefe zu finden. Dieses Spiel schafft eine Brücke zwischen Sichtbarem und Unsichtbarem, Körper und Psyche.
Das erste Bild, das aufgestellt wird, zeigt meistens eine bewusstseinsnahe Situation und weist auf eine bestimmte Problematik hin. Allmählich werden tiefere Schichten des Menschen beteiligt. Oft treten dann Bilder von chaotischem Charakter mit ungebändigten Energien auf. Schließlich zeigen sich Bilder des In-sich-Ruhens als Manifestation des Selbst. Die Energie hat sich quasi transformiert. Die Entwicklung verläuft oft durch verschiedene Entwicklungsstufen vom vegetativ-animalischen bis zum geistigen Bereich. Die dunklen Kräfte werden zu konstruktiven, lichten Inhalten umgewandelt.
Beabsichtigt ist, dass ein Sich-Einlassen auf die Dynamik der inneren Bilder möglich wird. Deutungen während eines Sandspielprozesses sind eher hemmend, eher ist dies möglich, wenn der Prozess weitgehend abgeschlossen ist. Essentiell ist das Gestalten und Erleben der inneren Bilder. Der Therapeut muss die Symbolsprache verstehen, um den Prozess mitverfolgen zu können. Ebenso soll eine Übertragungsproblematik erkannt werden. Gelegentlich mag es sinnvoll sein, eine Verbindung zur äußeren Lebenssituation herzustellen, um problematische Punkte aufzugreifen.

Die Grundprinzipien der nicht-direktiven Spieltherapie

Virginia M. Axline (1984) hat acht Grundprinzipien einer nicht-direktiven Spieltherapie aufgestellt, die zwar einfach sind, während einer Therapie aber eine große Wirkung entwickeln können.

Die Grundprinzipien sind:
1. Wichtig ist die Gestaltung der Beziehung. Der Therapeut soll eine warme, freundliche Beziehung zum Kind aufnehmen. Dabei soll das Setting möglichst wert- und normfrei gestaltet werden. Die Aussagen, Tätigkeiten oder Gefühle des Kindes werden gespiegelt, Lob ebenso wie Tadel vermieden. Mögliche Fragen des Kindes werden beantwortet.

2. Der Therapeut nimmt das Kind so an, wie es ist. Dies setzt eine bestimmte innere Einstellung beim Therapeuten voraus. Er soll eine ruhige, freundliche Beziehung zum Kind aufrechterhalten, wofür er die volle Aufmerksamkeit braucht. Ungeduld, Kritik und Vorwürfe sollen vermieden werden. Die uneingeschränkte Annahme ist darum wichtig, weil das Kind früher wahrscheinlich immer wieder abgelehnt wurde. Annehmen heißt aber nicht gutheißen.

3. Der Therapeut gründet seine Beziehung zum Kind auf einer Atmosphäre des Gewährenlassens, so dass das Kind sich frei fühlt, all seine Gefühle uneingeschränkt auszudrücken. Die Entscheidung, welches Spielmaterial verwendet wird, liegt beim Kind. Auch Schweigen oder Nichtstun werden angenommen. Die Verantwortung für das, was geschehen soll, liegt beim Kind. Es merkt, dass es damit ernst genommen wird. Die Gefühle, auch aggressive, soll das Kind ausdrücken dürfen.

4. Der Therapeut erkennt und reflektiert die Gefühle, die das Kind ausdrückt, so dass es Einsicht in sein Verhalten gewinnen

kann. Am Anfang beziehen sich die Reaktionen des Therapeuten mehr auf Gesprächsinhalte oder Handlungen, später soll beim Spiegeln der Gefühle mit Interpretationen sparsam und vorsichtig umgegangen werden.

5. Der Therapeut achtet die Fähigkeit des Kindes, mit seinen Schwierigkeiten selbst fertig zu werden, wenn man ihm Gelegenheit dazu gibt. Das Ingangsetzen einer inneren Wandlung ist Angelegenheit des Kindes. Der Therapeut übt keinen Druck aus, er bleibt in seiner Begleitung interessiert, freundlich und entspannt.

6. Das Kind weist den Weg im Therapieverlauf. Der Therapeut versucht nicht, die Handlungen oder Gespräche des Kindes zu beeinflussen. Er ist Resonanzboden für die Äußerungen der kindlichen Persönlichkeit und wird nicht zum Spielkamerad, Vater-, Mutter- oder Lehrerersatz.

7. Die Therapie kann nicht beschleunigt werden. Der Therapeut versucht nicht, den Gang zu forcieren. Dies ist ein Weg, der langsam Schritt für Schritt gegangen werden muss. Das Kind gibt das Tempo vor. Es spricht Gefühle an, wenn es dazu bereit ist. Es gibt Perioden von scheinbar bedeutungslosem Spiel.

8. Der Therapeut muss in einer Therapie auch Grenzen setzen, aber nur da, wo dies notwendig ist, um die Therapie in der Wirklichkeit zu verankern. Speziell zum Schutz von Spielsachen und Spielzimmer sind Begrenzungen angezeigt. Ebenso muss das Kind gestoppt werden, wenn es den Therapeuten angreift. Grenzsetzungen können auch zum Schutz des Kindes notwendig werden. Ebenso soll die Zeitbegrenzung der Therapiestunde respektiert werden.

Klientenzentrierte Spieltherapie
nach Stefan Schmidtchen (1980)

Die Spieltherapie für Kinder im Alter von etwa zwei bis zwölf Jahren soll die Förderung von seelischen Wachstumsprozessen im Sinne einer zunehmenden Selbstverwirklichung ermöglichen. Zusammen mit der begleitenden Elternarbeit geht es darum, Lücken in der Bedürfnisbefriedigung des Kindes zu schließen und eine Nachreifung zu ermöglichen. Ebenso ist eine verbesserte Balance zwischen Gefühls- und Kognitionsprozessen anzustreben. Im Spiel, dem primären Kommunikationsmedium, bekommt der Therapeut Einblick in die kindliche Innenwelt. Eine störungs- und problemzentrierte Beeinflussung des Kindes ist erst nach einer Einflussnahme auf dessen Grundbedürfnisse möglich und sinnvoll. Der Therapeut soll durch vorsichtige Einflussnahme versuchen, das seelische Geschehen, die Erlebens- und Informationsprozesse beim Kind zu verändern. Es geht aber nicht primär um eine Einflussnahme auf die alltäglichen Verhaltensweisen.
Indiziert ist Spieltherapie bei ängstlichen, gehemmten Kindern, die Entwicklungsverzögerungen, Lern- und Leistungsstörungen zeigen. Schmidtchen unterscheidet in der Therapie zwei Lenkungsgrade. Ein mittlerer bis starker Strukturierungsgrad seitens des Therapeuten eignet sich für Kinder mit fehlenden oder mangelhaft introjizierten sozialen Normen und entsprechend gestörten Selbstkontrollmechanismen, für Kinder mit einer mangelhaft ausgebildeten Fähigkeit zum selbständigen Lernen und Denken sowie für Kinder, die unter starken Selbstregulationsschwierigkeiten aufgrund von Hirnfunktionsstörungen leiden. Ein geringer Strukturierungsgrad hilft ängstlichen und gehemmten Kindern. Bei ihnen soll der Therapeut vorsichtig Annäherungsversuche an jene Spielthemen und Gefühlsprozesse unterstützen, welche das Kind bisher unterdrücken musste.
Die Therapeutenstrategien sind auf die Unterstützung von Prozessen der Bedürfnisbefriedigung und auf die Förderung von Selbstbewußtsein und Selbständigkeit ausgerichtet. Dabei ist speziell die Empathie für die Emotionen und Motive des Kindes wichtig.

Die Interventionen zielen nach Schmidtchen auf folgende Punkte: Stimulierung und Unterstützung des selbständigen, spontanen Spiels und der Kreativität. Verbesserung der sozialen Geschicklichkeit, Unterstützung des aktiven Kontaktverhaltens, Verbesserung des Problemlösungsverhaltens, Erleben von Spaß und angenehmen Gefühlen, akzeptierender Umgang mit negativen Gefühlen, konstruktive Auseinandersetzung mit Therapiegrenzen sowie Bereitschaft zur Erhöhung der Selbstexploration.
Die Effekte der Spieltherapie liegen in der Förderung von seelischem Wachstum, dem Abbau von Angst, der Verbesserung der Fähigkeit zur sozialen Aktivität bei gehemmten Kindern, der Verbesserung der allgemeinen Lern- und Leistungsfähigkeit bei Kindern mit Lern- und Leistungsstörungen. Schließlich kann die Spieltherapie auch eine Verringerung der Anzahl von Verhaltensstörungen bewirken, was jedoch zu Beginn einer Therapie nicht vorausgesagt werden kann.
Für die Spieltherapie stellt Schmidtchen eine Reihe von allgemeinen Strategien und Techniken auf, die im Folgenden kurz angesprochen werden.

1. Aufbau einer therapeutischen Beziehung: die Qualität der Beziehung zwischen Therapeut und Klient ist von entscheidender Bedeutung für die Wirksamkeit einer Therapie. Der Therapeut organisiert und formuliert anfangs die Bedingungen eines vertraglichen Arbeitsverhältnisses. Er zeigt berufliche Kompetenz, Empathie und Akzeptanz für die seelischen Schwierigkeiten. Er unterstützt die Selbsthilfepotentiale und zeigt eine Bereitschaft zur aktiven Hilfe bei der Lösung von Problemen.

2. Das Grundmuster des psychotherapeutischen Beeinflussungsverhaltens lautet: Einfühlen, Beeinflussen und Rückmeldung einholen. Die Einfühlung geschieht vorwiegend non-verbal und intuitiv. Durch Beeinflussung wird in gezielter Weise durch Auffordern oder Anregen Einfluss auf das Kind genommen. Durch die Rückmeldung entweder durch Fragen, Beobachten oder Abwarten wird der Einfluss der Intervention überprüft.

3. Wichtig ist ein günstiges Therapieklima. Wärme und Akzeptanz sowie eine angstfreie und humorvolle Atmosphäre sind der Therapie förderlich.

4. Das Therapeutenverhalten soll gefühlsoffen und kongruent sein. Ziel ist so eine Übereinstimmung von Gefühl-, Denk- und Handlungsprozessen.

5. Der Therapeut soll eine Metaposition einnehmen. Dies meint, dass neben dem mitmenschlichen, nicht problembezogenen Interagieren der Therapeut auch aktivierende oder strukturierende Aufgaben übernimmt.

6. Wichtig ist das Handeln im Hier und Jetzt. Die Interventionen zielen darauf ab, ein Lernen in der Gegenwart zu ermöglichen. Der Klient kann das problematische Verhalten noch einmal möglichst echt erleben, indem er sich in die Vergangenheit versetzt. Danach kann auf der Spielebene oder der verbalen Ebene eine Lösung mit Hilfe der gegenwärtigen Fähigkeiten gesucht werden.

7. In der Therapie kommen verschiedene Formen des Lernens vor. Dazu gehört neben dem klassischen Konditionierungslernen das instrumentelle Lernen, wo von Erfolg begleitende Handlungen bevorzugt erlernt werden. Dazu kommt das vernunftbegleitete Lernen, das Imitationslernen sowie das Identifikationslernen.

8. Das neu zu erlernende Verhalten soll schrittweise aufgebaut werden.

9. Der Einfluss von Gefühlen auf Lern- und Erinnerungsprozesse ist wichtig. Es ist bekannt, dass unangenehme Gefühle zu Störungen im Problemlösungsvorgang führen können. Traumatische Situationen können deshalb nachgestaltet werden. Wenn so die Katastrophengefühle überwunden werden, können neue angemessene Problemlösungen gefunden werden.

10. Entscheidend ist die therapeutische Arbeit mit unangenehmen

Gefühlen. Das Aufbrechen von angestauten Gefühlen wirkt befreiend. Ziel ist aber auch, dass sich das Kind bewusst wird, dass die Gefühle mit bestimmten Verhaltensweisen und Erfahrungen verknüpft sind, deren Wirkung durch Uminterpretation korrigiert werden kann.

11. Gespräche über Gefühle, Gedanken und innere Ablaufmuster setzen voraus, dass das Kind ein Bewusstsein vom eigenen Selbst hat und zum mit und über sich Sprechen bereit ist. Dies ist erst etwa ab dem zehnten Lebensjahr möglich.

12. Das Spiel ist vorrangiges Kommunikationsmedium zwischen Kind und Therapeut. Wichtig ist die Freiheit und Eigenverantwortlichkeit der Spielwahl. Während des Spiels werden zugleich Bedürfnisbefriedigung und Problemlösung entwickelt. Dem dienen am besten Phantasiespiele, die zur Reproduktion innerer und äußerer Problemsituationen anregen.

13. Die Arbeit mit inneren Bildern wie Schemata oder Idealbilder ist dann sinnvoll, wenn eine zu große Diskrepanz zwischen Wunschbild und Realverhalten besteht. Die Korrektur innerer Bilder erfolgt dadurch, dass die Bilder realitätsgerecht reproduziert werden und daraufhin deren Interpretation und Bewertung umgedeutet werden.

14. Die Arbeit mit Symbolen besteht bei Kindern darin, dass der Therapeut auf der Spielebene symbolisch interagiert. Eine Bewusstmachung von Symbolen ist nur möglich, wenn Kinder innerlich dazu bereit sind.

15. Kinder durchlaufen bekanntlich verschiedene Entwicklungsstadien und vor allem bei Älteren ist das Austesten von Grenzen ein wesentliches Geschehen. Der Einsatz von Regeln und Begrenzungen ist deshalb notwendig, besonders bei Kindern mit aggressiven, disziplinlosem oder delinquentem Verhalten.

16. Die Arbeit mit Widerständen gehört ebenso zur Kinderthera-

pie. Sie sind Ausdruck des Schutzverhaltens und erfordern beim Therapeuten flexible, humorvolle und kreative Reaktionen.

17. Nach Schmidtchen sollen Kinderpsychotherapien erst begonnen werden, wenn seelische Probleme über mehrere Monate bestehen und keine spontane Rückbildung erfolgt ist. Natürliche Hilfsquellen für Spontanverbesserungen sollen stimuliert werden.

18. Probleme, die in der Therapie auftreten, sollen supervisiert werden. Dies kann in Form einer vorgestellten Kommunikation zwischen Therapeut und Klient gesehen, wenn dies nicht genügt, durch Fremdsupervision.

Die Theorie der szenisch-analytischen Spieltherapie

Wie die vorgängige Zusammenfassung einiger spieltherapeutischer Ansätze zeigt, gibt es eine Vielzahl von theoretischen Ansätzen, die aber auch Gemeinsamkeiten aufweisen. Jedenfalls ist die Psyche derart komplex, dass von ganz verschiedenen Standpunkten Beiträge zu diesem Thema möglich sind. Eigentlich müsste es für die praktische Arbeit eine Bereicherung sein, wenn verschiedene Überlegungen und Erfahrungen der therapeutischen Arbeit zu einer Synthese zusammenfließen könnten. Beispielsweise haben sich M. S. Herzka und W. Reukauf (1989) mit diesem Thema auseinandergesetzt.

Die theoretische Diskussion um ein Konzept der Psychotherapie, hier speziell der Kinderspieltherapie, muss eine ganze Reihe von Fragen ansprechen. Eine erste Frage ist die der Wissenschaftlichkeit. Diese Frage hat die Entwicklung der Disziplin seit der Entstehung bis heute beschäftigt. Freud selber meinte »ich habe es immer als grobe Ungerechtigkeit empfunden, dass man die Psychoanalyse nicht behandeln wollte wie jede andere Naturwissenschaft« (S. Freud, 1971, S. 85).

Die Frage der Wissenschaftlichkeit widerspiegelt sich heute in der Trennung der Ausbildung zwischen Universität und privaten Ausbildungsinstituten, und in der aktuell gestellten Frage nach der Wirksamkeit von Therapien und deren Nachweisbarkeit. Sie widerspiegelt sich ebenso in den unterschiedlichen theoretischen Ansätzen der verschiedenen Therapieschulen. Ein weiteres Problem ist, dass letztlich nicht nur ein theoretischer Ansatz ins Spiel kommt, sondern jeweils ein Therapeut mit seiner spezifischen Arbeitsweise.

Historisch gesehen hat sich die Kinderspieltherapie unter dem Einfluss der Psychoanalyse entwickelt. Viele grundsätzliche Fragen um diesen und andere Ansätze werden verständlicher, wenn deutlich wird, dass die Psychoanalyse wie jeder andere theoretische Ansatz auf bestimmten philosophischen Voraussetzungen aufgebaut ist. Boss (1979) hat gezeigt, dass die Freudsche Metapsychologie letztlich auf einem cartesianisch-naturwissenschaftlich geprägten Weltbild basiert. Dabei zeigt sich, dass die metapsychologische Konstruktion des topischen, dynamischen, ökonomischen und genetischen Aspekts in Analogie zu den vier Grundsätzen der Newtonschen Mechanik zu verstehen ist. Die faktisch feststellbaren Phänomene einer therapeutischen Beziehung wurden damit dem wissenschaftlichen Zeitgeist entsprechend in diesem Sinne theoretisch zu fundieren versucht. Dieser »unbewusste« Vorgang der damaligen Theoriebildung stößt dort in der therapeutischen Arbeit auf praktische Konsequenzen, wo es um die Frage der kausalen Verknüpfung von Phänomenen geht, um die Frage der Wirklichkeitsauffassung und der Ursachen von Störungen. Ebenso geht es um die Frage des Unbewussten, des Symbolverständnisses, aber auch des Verständnisses der Zeit und des Raumes. So kann beispielsweise die Psyche als System verstanden werden, das von unbewussten Antrieben gesteuert wird, wo in einem linearen Zeitablauf frühe Ursachen eine spätere Wirkung zur Folge haben, wo ein vordergründiges Phänomen »in Wirklichkeit« etwas anderes bedeutet oder unbewusst in einem Symbolisierungsvorgang verschlüsselt wurde. Die Deutungen und das Verständnis eines therapeutischen Prozesses in der Psychoanalyse wurden dadurch wesentlich beeinflusst.

Statt dessen kann man sich die Frage stellen, welche Methode und welches Menschenbild einer therapeutischen Arbeit zugrunde liegt. Dies ist eine philosophische Frage nach den Grundannahmen einer theoretischen Ausgangssituation.

Als Arbeitsinstrument für therapeutisches Verständnis und Handeln scheint mir die phänomenologische Methode sachlich angemessen und theoretisch sinnvoll. Sie hat sich in der therapeutischen Arbeit bewährt.

Wie kam ich dazu, diesen Ansatz zu verfolgen? Mehr aus Neugierde als aus einer konkreten Notwendigkeit besuchte ich während meines Studiums eines Abends eine Vorlesung des Daseinsanalytikers Medard Boss in Zürich. Er versuchte den Studenten klar zu machen, was bei der Betrachtung eines blühenden Apfelbaumes passiert. In ständigem Dialog mit den Studenten stellte er dabei die gängigen Auffassungen über Wahrnehmung, Bewusstsein, Psyche und Sprache in Frage. Ich verstand anfangs so gut wie nichts und blieb nur deshalb, weil die Vorlesungen einen beträchtlichen Unterhaltungswert besaßen und Boss bei seinen Streitgesprächen die Lacher im Publikum regelmäßig auf seiner Seite hatte. Boss war selber ausgebildeter Psychoanalytiker, wusste also, wovon er sprach, und ich war erstaunt, wie fundiert seine Kritik an der für mich bis dahin fraglosen psychoanalytischen Metatheorie war. Nach ein paar Monaten begann ich zu ahnen, worum es ging und verfolgte diesen Ansatz mit Interesse.

Boss (1994) selber kam in seiner Militärdienstzeit während des Zweiten Weltkrieges über eine Zeitungsnotiz zufällig in Kontakt mit dem Denken von Martin Heidegger. Er stürzte sich auf dessen Buch »Sein und Zeit« und stellte fest, dass darin Fragen über Fragen aufgeworfen wurden, denen er in seiner naturwissenschaftlich ausgerichteten Ausbildung als Arzt noch nie begegnet war. Boss ahnte, dass in diesem Werk neue grundlegende Einsichten in die Natur der menschlichen Existenz und seine Welt zu Worte kamen und dass dies eine Grundlage für ein psychotherapeutisches Denken und Handeln werden könnte. In der Folge suchte er den Kontakt zu diesem Philosophen, woraus sich eine langjährige Freundschaft sowie ein reger Gedankenaustausch ergaben. Vom Jahre 1959 an lud Boss Heidegger für ein gutes Jahrzehnt ein, um in seinen »Zollikoner Seminaren« zusammen mit 50–70 Kollegen und Psychiatriestudenten dem Denken Heideggers näher zu kommen. Ziel dabei war immer das ärztliche und psychotherapeutische Handeln auf seine Grundlagen zu befragen, daraus ein adäquates Verständnis zu entwickeln, um schließlich neue Impulse für die Praxis zu gewinnen.

Den Daseinsanalytikern der Zürcher Schule ging es darum, die Essenz des psychoanalytischen Therapieverfahrens zu bewahren, den ihrer Meinung nach nicht sachgerechten Überbau an metapsychologischen Überlegungen aber durch eine menschengerechte Philosophie zu ersetzen. Für die therapeutische Praxis hatte dies allerdings auch praktische Konsequenzen. So wurden das Agieren, die Übertragung und die Traumdeutung anders verstanden und gehandhabt. Neben den inhaltlichen Modifikationen der psychoanalytischen Technik ergab sich auch ein eigenes Verständnis der Psychosomatik. Die ständige Auseinandersetzung zwischen Psychoanalyse und Phänomenologie erwies sich als sehr fruchtbar. Boss hat seine Hauptwerke über den »Grundriss der Medizin und Psychologie« (1971) sowie über den »Traum und seine Auslegung« (1974) im didaktischen Vergleich mit bisherigen Auffassungen formuliert. G. Condrau (1992) hat ein eigenes Buch »Sigmund Freud und Martin Heidegger« dazu herausgegeben und in jüngster Zeit ging es A. Holzhey-Kunz (1994), einer weiteren Daseinsanalytikerin, darum, den radikalen Freudschen Ansatz zurückzugewinnen, indem sie psychoanalytische Grundbegriffe in die Perspektive menschlichen Seinsverständnisses rückte.

Ich möchte diese enge Beziehung zwischen Psychoanalyse und Phänomenologie unterstreichen, verwende einige gängige psychoanalytische Begriffe, vernachlässige aber die »gefürchtete« schwierige Sprache Heideggers weitgehend. Der Grund hierfür liegt darin, dass sich die Ausführungen nicht primär an einer schulspezifischen Konsistenz orientiert, sondern an der therapeutischen Praxis. Es geht mir darum, dass die hier vorgestellte Technik der Spieltherapie von Vertretern verschiedener Schulrichtungen adaptiert werden kann. Dazu kann die Verwendung einer allgemein verständlichen Sprache eine Hilfe sein, ohne dass dabei das wesentliche Verständnis des Therapieprozesses geopfert wird. Dies ist jedenfalls meine Erfahrung im Austausch mit Fachkollegen. Das Gegenargument von Heidegger, wonach ein neues Denken eine neue Sprache bedingt und Worte nicht beliebig ausgetauscht werden können, verliert dabei nicht seine Gültigkeit, bezieht sich aber auf eine andere Zielsetzung. Insbesondere ist bei den hier verwendeten Begriffen zu beachten, dass diese aus unterschiedlichen Theorien stammen. Sie gehören aber zum üblichen Sprachgebrauch. Im Detail sollte aber klar werden, was damit gemeint ist. Beispielsweise wird deutlich, dass der hier viel verwendete Begriff der »Affekte« keine für sich abgeschlossene Gefühlsqualität ist. »Affekte haben« meint immer ein stimmungsmäßiges Bezogensein in der Offenständigkeit des Daseins. Es geht dabei immer darum festzustellen, in welcher Stimmung ein Kind auf welche

Begebenheit bezogen ist. Zudem wird dabei die Offenständigkeit je nach Stimmung verändert.

Der Ausdruck »Phänomenologie« hat zwei Bestandteile, nämlich »Phänomen« und »Logos«. Die Bedeutung von »Phänomen« bestimmt Heidegger als das Sich-an-ihm-selbst-Zeigende, das Offenbare. Die Phänomene sind die Gesamtheit dessen, was am Tage liegt oder ans Licht gebracht werden kann. Unter »Logos« versteht Heidegger das Offenbarmachen dessen, wovon »die Rede« ist. Der Logos lässt das sehen, worüber die Rede ist. Die Rede »lässt sehen« von dem selbst her, wovon die Rede ist. Phänomenologie meint daher das Sehenlassen von ihm selbst her, so wie es sich von ihm selbst her zeigt.

Was ist es nun, was die Phänomenologie »sehen lassen« soll? Es ist das, was sich zunächst und zumeist gerade nicht zeigt. Es ist demgegenüber, was sich zunächst und zumeist zeigt, verborgen. Zugleich ist es aber etwas, das zu dem, was sich zunächst und zumeist zeigt, derart dazu gehört, dass es einen Sinn und Grund ausmacht.

Für die folgenden Ausführungen ist aufgrund des phänomenologischen Vorgehens vor allem zu fragen: Was zeigt sich dem Kind in seiner Spielwelt durch die entsprechenden Figuren, in welchem Modus zeigt sich dies und wie reagiert das Kind darauf? Damit wird das ursprüngliche Bezogensein des Menschen auf seine Welt ins Zentrum der Betrachtung gerichtet. Auch ein Kind wird durch dieses Bezogensein beansprucht und es antwortet darauf. Das Ziel des Therapieprozesses ist auf die aktuelle Umsetzung des kindlichen Potentials ausgerichtet. Der Ansatz verzichtet auf metapsychologische Spekulationen sowohl in Bezug auf ein Unbewusstes, als auf unausgewiesene Hypothesen zur lebensgeschichtlichen Entstehung einer Störung. Gleichzeitig heißt dies aber nicht, dass die Vergangenheit eines Kindes im Therapieprozess keine Rolle spielt. Das Vergangene west weiterhin als Gewesenes an und prägt sowohl Stimmung als Übertragung.

Wenn ich über die Hintergründe zum methodischen Vorgehen die Phänomenologie angesprochen habe, bleibt ein zweites Thema zu erwähnen, das in diese Arbeit indirekt eingeflossen ist. Es sind die Erfahrungen aus der Imaginationstherapie mit Kindern (Krucker,

1995). Dabei hat sich herausgestellt, dass durch die Bearbeitung von Themen speziell über eine Serie von Stunden hinweg ein gewisser Strukturaufbau und eine Bearbeitung von Konflikten möglich sind. Dabei wird am Anfang einer neuen Therapiestunde die aktuelle Geschichte kurz rekapituliert und am Thema weitergearbeitet. Da nicht alle Kinder imaginieren wollen oder können, speziell nicht die Kleineren, lag es nahe, die Grundprinzipien der Imaginationstherapie mit einem anderen Medium, dem Spielset, aufzunehmen und das Kind mit Figuren eine Geschichte spielen zu lassen.

Die Erfahrung eines jeden therapeutischen Prozesses zeigt, dass es zwei grundsätzliche Elemente zu beachten gilt. Es gibt eine Seite des Klienten, die in Richtung Problemdarstellung, Entwicklung, Ganzheit oder in der Sprache Jungs zur Individuation drängt. Zwangsläufig bewegen den Klienten Gedanken, Impulse, Träume, sogenannt unbewusste Handlungen oder in der Freudschen Sprache Triebkräfte, denen sich der Klient ausgesetzt sieht, ob er das will oder nicht. Sichtbar wird dieses Phänomen in jeder längeren Serie eines persönlichen Ausdrucks, sei dies in einer Traumserie, in einer Imaginationsserie, in Spielabläufen oder in selbsterfundenen Märchengeschichten. Dem Klienten zeigen sich früher oder später immer Gegebenheiten in Form von Phantasien, Gedanken oder Wünschen, die ihm eine Chance zur Weiterentwicklung bieten. Es wird also darauf ankommen, ein Klima zu schaffen, in dem dieser Ausdruck der Persönlichkeit einen guten Boden findet. Es ist zugleich die Frage nach einem Medium, in dem sich dieser Ausdruck manifestieren könnte. So gesehen spielt die Art des Mediums nicht die zentrale Rolle. Es kann die Sprache sein, der Körperausdruck, eine Zeichnung oder ein Märchenspiel mit Spielfiguren. Ebenso zeigt die Erfahrung bei Kinderspieltherapien, dass die Anwendung einer bestimmten technischen Methode, wie in unserem Fall die Arbeit mit Spielfiguren, kaum für sich alleine über längere Zeit angewendet werden kann. Es gibt immer wieder Stunden oder auch längere Phasen, wo für Kinder andere Dinge interessanter sind. Die Dynamik eines Verlaufs richtet sich nicht nach möglichen Anwendungsbedürfnissen einer Methodik, sondern folgt der Motivation des Kindes. Aus diesen Gründen macht es Sinn, von einem übergeordneten therapeutischen Prozess zu sprechen, unter den sich eine spezifische Methode zu stellen hat. Neben der Berücksichtigung der äußeren realen Lebensfaktoren, dem Stand einer begleitenden Elternarbeit oder anderen wichtigen Gegebenheiten ist ein Hauptmerkmal die Berücksichtigung der therapeutischen Beziehung. Die therapeutische Beziehung ist das Tragende des therapeutischen Prozesses. Besonders bei Kindern muss sich der Therapeut oftmals lange und intensiv um diese Beziehung bemühen. Vielfach ist es nötig, zunächst viel Zeit zu investieren, um ein Vertrauensverhältnis zum Kind aufzubauen. Ich habe es mehr als einmal erlebt, dass Kinder bei entsprechenden Fragen nach ihrer Befindlichkeit gesagt haben, es gehe ihnen gut, mochte ihre Symptomatik noch so stark sein. Oftmals braucht es Monate, bis Kinder den Therapeuten einbeziehen, sich langsam öffnen können und etwas von sich mitteilen.

Wenn Beziehung geschieht, ist dies ein Miteinander-Teilen einer gemeinsamen Welt. Beide, Kind und Therapeut, halten sich thematisch dabei beim Gleichen auf. Dabei sind beide auf ein Thema bezogen, aber das, was sich dem Kind und Therapeuten zeigt, spricht zu beiden in unterschiedlicher Bedeutung. Normalerweise vermag der Therapeut an einem Phänomen größere Bedeutung zu vernehmen. Damit ergibt sich eine Differenz zwischen dem, was dem Kind an Bedeutung aufgeht und was der Therapeut sehen kann. In dieser größeren Offenheit des Therapeuten für mögliche Bedeutungen liegt der Spielraum der Therapie, in dem das Kind ebenfalls einen Zuwachs an Verhaltensmöglichkeiten, an flexiblem Umgang mit dem Neuen oder an veränderten Einstellungen zum Neu-Erscheinenden entwickeln kann.

Neben der therapeutischen Beziehung sprach Freud auch von der Übertragung. »Jedesmal, wenn wir einen Nervösen psychoanalytisch behandeln, tritt bei ihm das befremdende Phänomen der sogenannten Übertragung auf, das heißt, er wendet dem Arzt ein Ausmaß von zärtlichen, oft genug mit Feindseligkeit vermengten Regungen zu, welches in einer realen Beziehung begründet ist und nach allen Einzelheiten seines Auftretens von den alten und unbewusst gewordenen Phantasiewünschen des Kranken abgeleitet werden muss«. (Freud, 1943, S. 54).

In der Tat ist das Phänomen der Übertragung wichtig und für unsere Belange entscheidend. Ein zentraler Punkt der szenischen Spieltherapie ist der Gedanke, dass Übertragungsphänomene dadurch genutzt werden sollen, dass das Kind in einem längerdauernden Spielprozess seine Vorstellungen, Gefühle, Gedanken oder Impulse auf die analoge Ebene der Spielfiguren überträgt. In der Interaktion mit diesen Spielfiguren entwickelt das Kind seine szenische Übertragung. Der Therapeut kann dabei verfolgen, welche wichtigen Themen und Beziehungsmodi in direkter oder symbolisierter Form vorkommen. In einem zweiten Schritt sollen auf dieser szenischen Spielebene die problematischen Strukturen bearbeitet – und wenn möglich – vom Kind selber aktiv gelöst werden.

Die Übertragung als Beziehungsgeschehen zwischen Kind und Therapeut wird dabei nicht zwangsläufig unbedeutend. Aber es gibt eine bedeutsame Verlagerung der Darstellung einer Thematik auf die szenische Spielebene. Diese wird zum wichtigen Medium des therapeutischen Prozesses.

Neben dieser anfangs angesprochenen Bewegung des Therapieprozesses in Richtung Individuation gibt es immer eine Seite des Kindes, die dabei unsicher ist, sich wehrt, Neues nicht zulassen kann oder nicht will. Auf diesen Widerstand soll noch näher eingegangen werden.

Freud selbst kannte alle Formen des Widerstands, welcher sich in den Handlungen und Worten des Analysanden dem Zugang zu seinem Unbewussten entgegenstellt. Er sah in der Deutung des Widerstands eine spezifische Eigentümlichkeit seiner Technik.

In der Spieltherapie weichen Kinder neuen Themen oft aus. Sie lehnen Angebote, etwas aufzunehmen ab, haben eventuell Angst oder wissen nicht, wie sie mit der neuen Situation umgehen können. Mir scheint, dass dieser Sachverhalt nicht nur mit den bekannten Phänomenen der Abwehr zu tun hat, wie sie von Anna Freud (1971) beschrieben wurden, sondern auch mit der Wahl einer Arbeitsmethode. Abgesehen von der methodenabhängigen Schwierigkeit, einen Zugang zum Kind zu finden, geht es um abgewehrte Möglichkeiten, die potentiell zum betreffenden Kind

gehören. Sie haben sich aufgrund von manchmal schwierig zu beschreibenden Umständen nicht entwickelt.
Auf die szenische Spieltherapie bezogen, taucht das Problem der Abwehr konkret dort auf, wo das Kind ansatzweise etwas berührt. Bildlich gesprochen geht es darum, dass das Kind einen Sachverhalt inszeniert, der einen Aufforderungscharakter in sich trägt. Das Kind sollte sich mit einem bestimmten Thema auseinandersetzen. Nochmals anders ausgedrückt könnte man sagen, das Kind sucht unbewusst eine Situation, die ihm eine Chance zur Weiterentwicklung zuspielt. Wenn es trotz dieses ersten Schrittes den zweiten nicht macht und die Chance ausschlägt, sich dem Aufforderungscharakter des inszenierten Problems zu stellen, bleibt das Kind im Widerstand stecken. Es will mit der dargestellten Szene nichts mehr zu tun haben und schuldet sich damit den Austrag der abgewehrten Verhaltensweise. Oft spürt das Kind dabei eine Angst oder ein Unbehagen, das es überwinden müsste. Nicht umsonst spricht C. Condrau (1976) in diesem Zusammenhang von einer Schuldangst.
Das Phänomen des Widerstandes hat also mit entscheidenden Punkten der psychischen Struktur eines Kindes zu tun. Abgesehen von diesem prinzipiellen Problem des Widerstands, der normalerweise aufgelöst werden soll, zeigt die Erfahrung in der Kinderspieltherapie manchmal den paradoxen Sachverhalt, dass es weniger um die Auflösung des Widerstandes an der zur Diskussion stehenden Struktur geht, sondern vielmehr darum, wie ein anderer Weg aus dieser Sackgasse gefunden werden kann.

Die Grundprinzipien der szenischen Spieltherapie

Die Grundprinzipien der szenischen Spieltherapie können folgendermaßen beschrieben werden:

– Entscheidend ist die Schaffung eines therapeutischen Klimas mit dem Aufbau einer Beziehung zwischen Kind und Therapeut.

– Ebenso wichtig ist die Forderung des freien Spielausdrucks und dessen Übertragung auf eine szenische Spielebene, dargestellt mit Figuren.

– Die analytische Haltung des Therapeuten unterstützt die natürliche Tendenz der kindlichen Psyche, die in Richtung Individuation zielt.

– Die während eines Spielprozesses auftauchenden Schwierigkeiten und Widerstände werden berücksichtigt und wenn möglich gelöst.

– Das Kind bemüht sich selber um die Lösung der von ihm dargestellten Konflikte. Bei kleineren Kindern ist eher ein Ausagieren als eine verbale Problemlösung möglich.

– Auf der inhaltlichen Ebene – etwa im Rahmen einer Phantasie – oder Märchengeschichte – geht es darum, die dargestellten Szenen als analogen Ausdruck zu verstehen. Der Therapeut kann die problembesetzte Linie verfolgen. Ein Ziel ist dabei, dass das Kind zu den abgewehrten Figuren in Beziehung tritt und auf deren Anspruch eingeht.

– Bei diesem Prozess wird der Gedanke der Strukturbildung wichtig (Blanck G., Blanck R., 1980). Bei einem therapeutischen Prozess ist es nicht nur wichtig, dass ein bestimmtes Thema zur Darstellung kommt. Vielmehr soll die dargestellte problematische Struktur verändert werden. Das Kind lernt im Idealfall auf der analogen Spielebene im Hier und Jetzt mit einer Situation besser umzugehen. Das Verhaltensrepertoire und die Flexibilität im Umgang mit Situationen werden dabei erweitert. Diese erweiterte Kompetenz spielt sich nicht verbal-theoretisch ab, sondern das Kind übt diese Situation konkret in einem Handlungsablauf mit den Spielfiguren. Erfahrungsgemäß spielt für die Strukturbildung die Bearbeitung von Gegensätzen eine zentrale Rolle. Besonders oft wird der Gegensatz von Gut und Böse, dargestellt durch entsprechende Figuren, in die Auseinandersetzung gebracht.

– Ein weiterer wichtiger Punkt betrifft die Symbolisierung der dargestellten Inhalte. Ich ziehe es vor, entsprechend der phänomenologischen Methode nicht von fixen Symbolisierungen auszugehen, sondern die dargestellten Figuren als das zu nehmen, was sie sind. Demnach bedeuten die verschiedenen Figuren in einem Spielset nicht in Wirklichkeit dieses oder jenes psychologische Faktum. Vielmehr geht es darum, dass durch ständiges Fragen die Bedeutung einer Figur für das Kind transparenter wird. Ebenso wichtig ist die Frage, auf was eine dargestellte Figur von sich aus verweisen kann. Dieses Netz von Bedeutungs- und Verweisungszusammenhängen ist meist vielfältiger und sachadäquater als eine fixe symbolische Zuschreibung. Allerdings ist zu sehen, dass es bei Kindern ganz verschiedene Ebenen von Symbolisierungsgraden gibt. Damit ist gemeint, dass sich zum Beispiel die reale Familiensituation in analoger Weise über dargestellte Tiere ganz verschieden zeigen kann. Die Wahl der Tiere in einem längeren therapeutischen Prozess kann dabei veränderbar sein. Ich glaube nicht, dass diese Verschiebungen vom ursprünglichen Inhalt nur mit Verdrängung zu tun hat, wo etwa aggressive oder libidinöse Inhalte durch gewissensbildende Über-Ich-Funktion in Konflikt geraten und deswegen zensiert werden. Vielmehr entsteht meiner Erfahrung nach der Eindruck, dass sich ähnliche Bedeutungen über ganz verschiedene Figuren dem Kind zusprechen können, wobei möglicherweise auch der Grad von Nähe gegenüber einem Problem und damit die Möglichkeit es zulassen zu können, die Figurenwahl bestimmen mag.

Im Kontext der bisherigen, in dieser Arbeit kurz referierten Ansätzen zeigt sich, dass viele allgemeine Prinzipien zur Gestaltung einer therapeutischen Situation, speziell jene von M. A. Axline und S. Schmidtchen mit Gewinn übernommen werden können. Dies betrifft vor allem die Hinweise zur Gestaltung des therapeutischen Klimas, der therapeutischen Beziehung und der Förderung des kindlichen Ausdrucks. All diese Faktoren unterstützen den psychotherapeutischen Prozess.
Bei den Ausführungen von M. Klein fällt ihre Betonung der großen Bedeutung von frühen Objektbeziehungen auf. Wenn dieser Gedanke auch stimmen mag, so ist doch das konkrete technische Vorgehen in Bezug auf genetische Deutungen der frühen aggressiven und libidinösen Zusammenhänge aus heutiger Sicht einseitig.

Vor allem überspringt diese Art von Deutung den aktuellen Bewusstseinsstand und die Akzeptanzbereitschaft der meisten Kinder. Ebenso scheint der Stellenwert der Elternberatung zu wenig ausgeschöpft.
Bezüglich des technischen Vorgehens betont auch A. Freud, dass die Deutung von Triebinhalten, Widerstand und Übertragung wichtig ist. Sie sieht dabei die Gefahr, dass Ängste zusätzlich ausgelöst werden und dass sich der Widerstand verstärkt. Übernehmen möchte ich deshalb ihren Gedanken, dass eine Annäherung an das Kind besser über indirektere Formen, das heißt Geschichten, Handeln und Spiel, gesucht werden kann.
Im Hinblick auf den Jungschen Hintergrund scheint die angewandte Spieltechnik nicht spezifischer Natur zu sein. Hier wie auch in anderen Ansätzen wird das Sand-, das Rollen- oder Kasperlispiel angewendet. Betont wird die Wichtigkeit der Regression, und damit die Nachreifung über verschiedene Entwicklungsstufen. Ebenso betont wird die Entwicklung von Gegensätzen und die Unterlassung von Deutungen während eines Spielverlaufs. Die Praxis scheint auch diese Auffassung zu bestätigen.
Die Sandspieltherapie nach D. Kalff nimmt diese Jungschen Gedanken ebenso auf und betont, dass der Individuationsprozess durch die freie Gestaltung des Sandspiels angeregt wird und dass die Entwicklung durch verschiedene Entwicklungsstufen verläuft. Inhaltliche Deutungen werden auch hier nur sparsam gegeben.
Ähnlich denkt H. Zulliger (1967). Er betont das prälogische Symboldenken der Kinder. Aufgrund des Wiederholungszwanges tauchen die ungelösten Probleme im Unbewussten wieder auf, die das Kind auf der magischen Denkstufe in Form von Symbolen, zum Beispiel totemistischer Art, wiederholt. Das Spiel hat nach Zulliger den Zweck, den pathogenen Konflikt aufzudecken, ihn agierend abzuwandeln und zu lösen. Er betont, dass das Spiel nicht gedeutet werden soll. Die Sprache des Bewusstseins sei für das Kind noch eine Fremdsprache. So wird das Kind durch das Spielen geheilt, indem es, ohne sich dessen bewusst zu sein, seine Aggressionen abreagiert und so seine Konflikte löst.
In der Tat ist die »unbewusste Problemlösung« ein Merkmal einer szenischen Spieltherapie, wobei allerdings nicht nur das Spielen

für sich allein zur Lösung beiträgt, sondern die Konfliktlösung auf der Spielebene bewusst vorgeschlagen werden kann.
Von besonderer Bedeutung für unser Anliegen sind die Gedanken und Anregungen von Gerdhild von Staabs (1988), die den Scenotest entwickelt hat. Die Kinder sollen aus dem Spielmaterial einzelne Figuren auswählen und ähnlich wie auf einer Bühne eine Szene darstellen. In erster Linie als Test aufgebaut, kann die Methode aber auch in einem Behandlungsverlauf zu therapeutischen Zwecken eingesetzt werden. G. von Staabs beobachtet dabei die Kinder und fragt zum Aufbau nach. Sie betrachtet die inhaltliche und formale Analyse dazu.
Insgesamt betrachtet deckt sich das technische Vorgehen der szenischen Spieltherapie am ehesten mit dem neueren psychoanalytischen Ansatz von H. Fahrig. Hier wie dort wird die Möglichkeit betont, auf einer analogen Spielebene die relevanten Strukturen des Kindes zu beobachten und innerhalb des szenischen Mediums intervenieren zu können. Für die Kinder ist die Akzeptanz von Deutungen auf dieser Ebene gut. Das Grundprinzip ist kindgerecht. Der Unterschied des hier dargestellten Ansatzes zu Fahrig, ebenso wie zu anderen Ansätzen, besteht darin, dass phänomenologisch vorgegangen wird. Dabei wird eine integrative Zielsetzung verfolgt, das heisst, die Erfahrungen anderer Ansätze sollen mitberücksichtigt werden.

Das allgemeine Vorgehen beim spieltherapeutischen Prozess

Wenn Kinder spielen, kann das aus ganz verschiedenen Blickwinkeln gesehen werden. Wenn dies in einer Therapie geschieht, geht es erst recht darum, den Blick für das Wesentliche zu schärfen. Vor allem geht es darum, die Rahmenbedingungen für einen Entwicklungsprozess zu gewährleisten. Auf was soll in einem Spielprozess geachtet werden und wie kann dieser Entwicklungsprozess unterstützt werden? Mit anderen Worten: was unterscheidet das therapeutische Spielen vom alltäglichen Spiel?
In der Praxis bewährt sich ein didaktisches Modell, das dem Therapeuten ermöglicht, sowohl Verständnis als auch Handlungsanweisungen für den Spielablauf zu entwickeln. Natürlich gibt es verschiedene Anwendungsmöglichkeiten mit einem Spielset. In der einen oder anderen Form wird das Vorgehen unterschiedlich sein. Ein paar prinzipielle Gedanken bleiben jedoch allgemein gültig. Speziell gelten die folgenden Punkte aber für die Anwendung eines Spielablaufs über mehrere Stunden, zum Beispiel in der Darstellung einer eigenen Märchengeschichte. Die wichtigen Gesichtspunkte können folgendermaßen dargestellt werden.

1. Analyse der formalen Darstellung;
2. Analyse der inhaltlichen Bedeutung der Figuren;
3. die Verknüpfung von formalem und inhaltlichem Aspekt;
4. die Bedeutung der Sukzession;
5. die Nachbefragung zu Identifikationen und Bedeutung der Figuren resp. des Geschehens;
6. der Spielprozess soll in Gang kommen;
7. wo liegt der Fokus? Ein Konflikt kann entstehen, den der Patient auf der szenischen Ebene lösen soll;
8. metapsychologische Position des Therapeuten, Konsequenzen für den Prozess.

Auf diese Punkte soll nun im Einzelnen eingegangen werden.

1. Analyse der formalen Darstellung

Bei der formalen Analyse geht es um die Frage, wie der formale Aufbau der dargestellten Szene ist. Es sind Überlegungen, die vom Scenotest her vertraut sind. Wie ist die Verteilung der gewählten Figuren im zur Verfügung stehenden Raum? Welche Quadranten werden bevorzugt? Ist die Szene mitte- oder randorientiert? Ist das Geschehen kohärent oder gibt es verschiedene Unterszenen? Die allgemein anerkannte Raumsymbolik besagt, dass der linke untere Quadrant die frühe Mutter-Kind-Beziehung, den Bereich der Geborgenheit oder unbewusste Triebkonflikte symbolisiert. Der linke obere Quadrant hat ebenso mit der Vergangenheit zu tun, er ist wie ein Zuschauerraum aus einer übergeordneten Position und symbolisiert den Ort mit unbewussten Wünschen.

Der rechte obere Quadrant umschreibt die Zukunft, ein Ziel oder bewusste Wünsche, während der rechte untere Quadrant bewusste Konfliktsituationen oder die aktuelle Gegenwart anspricht.

Eine Mittebetonung kann Ausdruck einer strukturierenden Ich-Stärke sein, je nach Zusammenhang auch egozentrische Seiten ausdrücken. Eine leere Mitte wirkt eher als Ausdruck einer Ich-Schwäche resp. Ängstlichkeit. Ich selbst benutze bevorzugt den Schreibtisch als Spielfläche mit einer Größe von mindestens 80 × 110 cm. Idealerweise ist die Spielfläche noch größer.

Der formale Gesichtspunkt erlaubt es abzuschätzen, was in einer Szene zentral ist. Wie beansprucht ein Kind Raum, welche Figuren sind zentral oder randorientiert? Ebenso gehört zur formalen Analyse die Frage, wie und ob die Figuren aufeinander bezogen sind.

2. Inhaltsanalyse der Szene

Bei diesem zweiten Punkt wird die inhaltliche Bedeutung der Figuren reflektiert. Welche Figuren wurden ausgewählt und welche nicht? Was verkörpern diese Figuren, welches ist ihre Bedeutung und ihre Symbolik? Die Auswahl der Figuren bedeutet, dass das Kind im Moment genau für diese Bedeutungen offen ist, sich davon ansprechen lässt und bereit ist, dass diese Figuren dem Kind und dem Therapeuten etwas zu sagen haben. Eine genaue Freilegung des ursprünglichen Wesens der gewählten Figur zeigt im allgemeinen mehr als man auf den ersten Blick meinen möchte. Dazu gehört nicht nur die äußere Erscheinung wie Größe und Art, sondern vor allem die Frage, in welcher Welt die ausgewählte Figur lebt. Welche Lebensbezüge sind der Figur wesensmäßig gegeben und was ist seine Spezifität im Unterschied zu anderen Tieren oder Figuren? Auf was verweisen die spezifischen Möglichkeiten und Fähigkeiten dieser Figuren? Vieles davon hat damit zu tun, was man gewöhnlich unter dem symbolischen Gehalt einer Figur versteht. Um nicht kurzschlüssig Symboldeutungen zu verfallen, kann sich der Therapeut in diese Figuren einfühlen, um so besser zu spüren, wie das Leben dieser Tiere oder Figuren aussehen könnte.

3. Die Verknüpfung von formalem und inhaltlichem Aspekt

Bei diesem Punkt wird ausformuliert, wie diese beiden Aspekte im konkreten Fall zusammenhängen. Dabei kann sich ein Thema ergeben. Nehmen wir ein Beispiel: Im linken unteren Quadranten wird ein junges Tier mit seiner Mutter aufgestellt. Es ist ein Ort der Herkunft oder Geborgenheit. Im rechten oberen Quadranten, der mit der realen Außenwelt oder mit Zukunftserwartungen in Verbindung gebracht werden kann, wird ein Krokodil plaziert. Verknüpft man diese Fakten, lässt sich sagen, dass es für den Betroffenen wichtig ist, in einer geborgenen Mutter-Kind-Beziehung zu stehen, und dass der Kontakt zur äußeren realen Welt mit Gefahren verbunden sein könnte. Dabei bleibt noch offen, ob das Thema Wunsch oder Erfahrung ist. Ferner bleibt offen, ob dies eine reale Lebenserfahrung widerspiegelt oder phantasierte Gegebenheiten sind. Es ist jedenfalls ein Thema, mit dem gearbeitet werden kann.

4. Die Sukzession

Ein 4. Punkt in diesem Geschehen berücksichtigt die Sukzession, das heißt die Reihenfolge der Figuren und die Art des weiteren Ablaufs. So wie während einer Rorschachtestaufnahme sich ein Bild an das nächste reiht und dabei relevante Reaktionen auf spezifische Reizveränderung in Form verschiedener Tafeln oder verschiedene Kleckse innerhalb einer Tafel beobachtet werden können, wird hier die Dynamik der Sukzession beobachtet. Welche Figur wird als erste wo ins Feld geführt. Gibt es während eines Spielprozesses bei den gewählten Figuren eine Hierarchie von Bedeutungen? Welches ist die Bedeutung beispielsweise der ersten resp. der zuletzt gewählten Figur? Wie stellt sich die Veränderung der Dynamik innerhalb eines Ablaufs dar, welche Bedingungen führen zu welchen Ergebnissen?

5. Die Nachbefragung zur Szene

Möglicherweise kommentiert ein Kind seine Spielhandlung ausführlich. Dann weiß der Therapeut schon viel darüber. Oft sagt ein Kind zu seinem Spiel wenig. In diesem Fall kann der Therapeut nachfragen. Von Interesse ist, mit welcher Figur sich ein Kind identifiziert. Warum wurde gerade dieses Tier gewählt? Welche Möglichkeiten oder Begrenzungen werden damit offenbart? Welche Wünsche oder Befürchtungen sind damit verknüpft? Welche Gedanken, Wünsche oder Ängste glaubt das Kind von den aufgestellten Figuren her zu vernehmen? Welche Phantasien lösen die gewählten Figuren aus? Was sind sie im Begriffe zu tun? Insgesamt ist es die Frage, was der Patient an den Figuren wahrnimmt und was er davon ausformuliert. Anders gesagt ist es wichtig, Identifizierungen und Projektionen ins Spiel zu bringen.

6. Die Initiierung eines Spielprozesses

Im entscheidenden nächsten Schritt geht es darum, aufgrund dieser Ausgangslage einen Spielprozess in Gang zu bringen. Quasi aus einem Standbild heraus soll sich ein fortlaufender Prozess über eine Sequenz von Stunden heraus ergeben. Beispielsweise kann ein gewähltes Tier zu den übrigen Tieren in Interaktion treten. Dabei spielt das Kind die Rolle aller auftretenden Figuren. All das, was vorher an Bedeutungen angesprochen wurde, kann dabei ins Spiel kommen und dargestellt werden. Auf dieser szenischen Ebene erfolgt die therapeutische Handlung. Ein Kind kann beispielsweise über ein ausgewähltes Tier seine Verfassung, seine Wünsche oder Ängste den anderen vorkommenden Tieren mitteilen. Letzten Endes sind es die eigenen, projizierten Anteile des

Kindes, die die Figuren ausdrücken, auch wenn dies dem Kind nicht bewusst ist. Vielleicht ermöglicht sogar erst diese Distanz zwischen Eigenem und scheinbar Fremdem, dass persönliche Affekte über dargestellte Szenen ausgedrückt werden. Da dieser Dialog spontan beispielsweise auf einer Tierebene erfolgt, ist es unter Umständen leichter, relevante Inhalte ins Spiel zu bringen, die in einem Gespräch von Mensch zu Mensch der intellektuellen Kontrolle unterworfen oder noch nicht bewusstseinsfähig sind. Die Frage ist, ob dieser Spielprozess spontan erfolgt, stockt oder durch andere Schwierigkeiten gestört wird. Je nach dem sind hier Interventionen nötig, auf die noch zurückzukommen ist. Das Ziel dieses Schrittes ist jedenfalls, dass zwei Seiten eines jeden therapeutischen Prozesses zum Tragen kommen. Auf der einen Seite gibt es eine Kraft, die Richtung Selbstheilung oder in der Sprache Jungs zur Individuation oder Ganzheit zielt. Auf der anderen Seite wirkt eine Kraft dagegen. Es ist die Abwehr bzw. die Widerstände im breitesten Sinn, die sich dem Fortschritt entgegenstellen. Dieses Kräftespiel umschreibt der nächste Punkt.

7. Der Konflikt und dessen Lösung

Läuft der oben angesprochene Prozess ideal, schreitet die Entwicklung ohne unüberwindbare Schwierigkeiten in Richtung Ganzheit, Integration von verdrängten Anteilen oder Strukturbildung der Psyche fort. In diesem Fall muss der Therapeut wenig eingreifen. Früher oder später wird sich auf der szenischen Ebene aber ein Konflikt konstellieren, der mit der Grundstruktur des Kindes zu tun hat. Dies sind entscheidende Momente dieser Therapieform. Der Konflikt bietet dem Kind nämlich die Möglichkeit, ihn zu lösen. In vielen Fällen wird das Kind zwar entsprechend seiner Konstellation den Konflikt nicht spontan von sich aus lösen, aber das »Unbewusste« gibt dem Kind jetzt sozusagen eine Chance. Diese Konfliktlösung geschieht neu, eventuell mit Hilfe des Therapeuten, auf der szenischen Ebene durch das Kind selbst. Damit übt es neue Verhaltensstrategien ein und hat dadurch im Idealfall ein Erfolgserlebnis. Der dargestellt Konflikt ist aber nicht nur ein aktuell-oberflächlicher, quasi zufälliger Konflikt in einer unverbindlichen Spielhandlung. Eher ist es so, dass der Konflikt zum Brennpunkt wird, wo sich Aspekte der Lebensgeschichte, der aktuellen Lebenssituation und Beziehungsmöglichkeiten und die aktuelle therapeutische Beziehungserfahrung resp. Übertragung durch eine sozusagen vom Unbewussten inszenierte Erfahrung gruppieren. Dies ist darum so, weil das Spielgeschehen nicht fremdbestimmt oder von außen beeinflusst wird und die therapeutische Situation dem Kind Raum schafft, sein Innerstes gegen außen darzustellen. Die Erfahrung zeigt, dass dies auch tatsächlich passiert und dass die dargestellten Spielelemente einen deutlichen Bezug zur psychischen Struktur des Kindes haben. Das Spiel hat einen tieferen Sinn und widerspiegelt mehr als scheinbar nur zufälliges Spielen.

Dieser Prozess der eigenen, auf die Spielebene projizierten Situation, die Prozesse um Individuation und Abwehr, die Überwindung der Abwehr durch eine möglichst autonome Konfliktlösung durch das Kind selbst und damit im Zusammenhang das Hineinwirken der therapeutischen Beziehung zwischen Kind und Therapeut, beeinflusst über längere Zeit fortgeführt, die psychische Entwicklung positiv. Wenn sich während des Spiels ein Konflikt ergibt, wird dadurch möglicherweise der Fokus des Geschehens auf eine sehr spezifische Thematik gelenkt, wobei sich die Problematik eines Kindes konkretisiert. Was üblicherweise als Konflikt in einer Übertragung im klassischen Sinn spürbar wird, verlagert sich zusätzlich anhand der dargestellten Figuren oder Gegebenheiten auf eine szenische Ebene. Die klassische Übertragung wird dabei nicht in Luft aufgelöst, sondern sie wird ergänzt durch die Darstellung auf der szenischen Ebene. Darauf wird noch zurückzukommen sein.

Im Spielgeschehen ist einerseits ein offener Konflikt zwischen beteiligten Figuren oft zu sehen. Genauso wahrscheinlich sind aber eher verdeckte Konflikte oder »Stromschnellen« im Geschehen vorhanden. Das heisst, im Spielablauf fällt dem Therapeuten etwas auf, was es zu bearbeiten gibt. Vielleicht zeigt sich ein Defizit, etwa im Sinn irgendeiner Gegebenheit, und wird mit appellativem Charakter dargestellt.

All diese Überlegungen führen zum nächsten dargestellten Punkt, nämlich der Frage, was passiert dann? Wie kann der Therapeut das Geschehen verstehen und was macht er damit? Es ist die Frage nach der metapsychologischen Position des Therapeuten.

8. Die Metaposition des Therapeuten

Setzt das Kind ein Standbild und führt dies zu einer Spielhandlung, stellt sich früher oder später die Frage, was dies für den Therapeuten bedeutet und was er im weiteren Verlauf für eine Rolle spielt. Er verfolgt primär das Geschehen, sorgt dafür, dass es im Fluss bleibt, ohne es in eine bestimmte Richtung zu steuern. Er spielt mit, wenn dies sinnvoll ist, aber er ist mehr als ein Spielpartner. Er verfolgt das Geschehen mit doppelter Natur. Einerseits ist er ein Spielpartner des Kindes, der ihm auf der gleichen Ebene begegnet. Andererseits bleibt er Therapeut. Damit meine ich allerdings nicht, dass er seine innere Natur oder seine Person aufsplittet. Aber als Psychotherapeut wird er anderes und mehr sehen als das Kind. Er verfolgt das Spielgeschehen von einem übergeordneten Standpunkt, reflektiert aus therapeutischer Sicht das Geschehen und die therapeutische Beziehung. Er versucht Abwehrvorgänge zu sehen und erfasst die Bedeutung der Figuren und des Geschehens. Er reflektiert den therapeutischen Prozess und sorgt dafür, dass dieser Prozess weiter voranschreitet. Dazu sind unter Umständen verschiedene Fragen bezüglich Intervention und Technik zu klären.

Die Übertragung und Beziehung

Ein zentraler Punkt jeder Psychotherapie ist das Verhältnis eines Klienten zu seinem Therapeuten und umgekehrt. Dazu wird ebenfalls das Verhältnis des Klienten zu dessen Eltern in Beziehung gesetzt. Diese Fragen gelten auch für die Kinderpsychotherapie. Allerdings scheint mir die Bedeutung dieser Beziehungsfragen in einer Kindertherapie anders zu sein als in der Therapie mit Erwachsenen. In der konkreten Alltagsbeziehung steht ein Kind zu seinen Eltern in einem viel ausgeprägteren Fürsorge- und Abhängigkeitsverhältnis. Dies kann unter Umständen dazu führen, dass es in der Therapie seine familiäre Situation nicht so frei beschreiben kann oder will. Besonders schwer tun sich Kinder mit problematischen Familiengeschichten. Zumindest gilt dies für Kinder, denen gerade die Autonomie und das Selbstbewusstsein für einen offenen Dialog mit den Eltern fehlt. In diesen Fällen ist es wenig ergiebig, über ein Gespräch die problematischen Seiten erfahren zu wollen. Kinder wollen im allgemeinen nicht ihr Loyalitätsverhältnis zu den Eltern gefährden. Auch wenn es nicht darum geht, nur problematische Seiten einer Familie transparent zu machen, bietet sich hier doch die Bearbeitung von Kind-Elternkonstellationen auf einer szenisch-symbolischen Ebene an. Auf dieser Ebene können eigene Konstellationen spielerisch dargestellt werden. Weil es scheinbar um Themen von ich-fremden Spielfiguren geht, können diese Themen zugelassen werden und kommen dadurch dem Kind nicht zu gefährlich nahe. Neben der Frage der Loyalität und Nähe gegenüber den Kindern geht es zu allererst aber um die Erfahrung, dass es das Phänomen der unbewussten Inszenierung einer problematischen Beziehungskonstellation gibt. Genauer gesagt, ist dies allerdings nicht nur auf problematische Aspekte bezogen, sondern auch auf positive. Die Neuinszenierung einer Struktur durch ein Kind funktioniert auf einer symbolisch-analogen Ebene und ist im Grunde genommen eine andere Art von Übertragungsgeschehen. Nur ist es hier so, dass diese Übertragungskonstellationen nicht ausschließlich in der Beziehung Kind–Therapeut spürbar werden, sondern zwischen den Figuren auf der Spielebene. Es ist manchmal erstaunlich, wie schnell und präzise diese Muster in eine aktuelle Spielsituation »übertragen« werden. Andererseits ist das gut verständlich, weil das Kind seine Verhaltenschemata während der frühen Entwicklung aufgebaut hat und damit naturgemäß an neue Situationen herangeht. Ein Problem ergibt sich bei dieser Übertragung allerdings nur, wenn scheinbar unangemessen auf Situationen reagiert wird, die von sich her nach anderen Reaktionen verlangen. Dieses nicht sach- oder situationsgerechte Eingehen auf soziale Situationen entspricht im Grunde einer Wahrnehmungsverzerrung und kann den Betreffenden in Schwierigkeiten bringen. Dabei wird vom Patienten die eigene Wahrnehmungsabblendung nicht verstanden, sondern die böse äußere Realität bestätigt sich für ihn scheinbar entsprechend dem vorgängigen Vorurteil. Der Abbau der Übertragung würde demgegenüber heissen, eine Beziehung offen und vorurteilsfrei, ohne verzerrende Vorerwartungen eingehen zu können. Da auch gesunde Menschen nicht frei von Vorurteilen und Verhaltensschemata sind, ist klar, dass es hier um eine Frage des Maßes und um Wahrnehmungsverzerrungen aufgrund eines psychischen Problems geht. Es hat sich in weiten Kreisen durch die klassische Psychoanalyse eingebürgert, den therapeutischen Prozess unter dem Aspekt der Übertragung und Gegenübertragung zu fokussieren. Meine Erfahrung ist dabei allerdings, dass manchmal von Übertragung als Synonym für Beziehung gesprochen wird. Respektive wird schon von Übertragung gesprochen, auch wenn die Settingbedingungen nicht im entferntesten denjenigen entsprechen, unter welchen das Phänomen der Übertragung historisch beschrieben wurde. Bei genauerem Hinsehen dürfte es auch schwierig sein, Übertragung von Beziehung abzugrenzen. Nicht nur deswegen, aber auch aus prinzipiellen theoretischen Gründen kann der Standpunkt der Betrachtung gewechselt werden. Statt von Übertragung / Gegenübertragung zu reden, macht es bei einer modifizierten analytischen Kindertherapie Sinn, davon zu sprechen, dass beide, Kind und Therapeut, Gestalter einer neuen therapeutischen Situation sind, Auch der Therapeut bringt mit seinem Spielangebot und seiner Art mitzuspielen etwas in Gang, das nur unzutreffend als Gegenübertragung bezeichnet werden kann.

Wie baut man innerhalb einer Kindertherapie auf der szenischen Ebene Wahrnehmungsverzerrungen ab? Dadurch, dass ein Kind mit seinen Spielfiguren den Dialog übt und, bildlich gesprochen, dabei lernt, seine Augen mehr zu öffnen und mit seinen Ohren besser zu hören. Fixe Bedeutungen, die möglicherweise den Spielfiguren von vornherein zugeschoben werden, sollen aufgrund der Erfahrungen mit ihnen erweitert werden. Dies ist nur über einen Dialog möglich, wobei nicht nur die eigene Aussage im Zentrum steht, sondern das Gewahrwerden dessen, was sich von den Spielfiguren neu und ansatzweise dem Kind offenbaren will. Die Schwierigkeit besteht darin, dass die Spielfiguren in Tat und Wahrheit nicht sprechen können, sondern das Kind spricht über sie. Das Kind findet aber im Gewahrwerden seiner selbst, in der Konfrontation mit dem Aufforderungscharakter und im gleichzeitigen Zusammensein mit dem Therapeuten einen Raum, wo andere, neue und situationsadäquate Verhaltensweisen reifen können, die fixe Schemata erweitern und so die Offenheit des Kindes vergrößern. Es ist klar, dass dabei die Beziehung des Kindes zum Therapeuten eine große Rolle spielt, weil dieser letzten Endes bei jeder Sequenz entscheidet, ob er ins Geschehen eingreifen soll oder nicht. Das Spielgeschehen des Kindes ist damit nicht nur auf die szenische Ebene beschränkt, sondern gleichzeitig ein Beziehungsgeschehen zwischen Kind und Therapeut. Das Kind sagt dem Therapeuten, was jetzt gerade passiert, und Therapeut und Kind teilen die gemeinsame Spielwelt. Die Beziehung zwischen Kind und Therapeut ergibt sich dadurch, wie der Therapeut auf das Spielgeschehen beim Kind reagiert und wie er daran teilnimmt. Werden schriftliche Therapieberichte über Sequenzen von Spielhandlungen zusammengefasst, wie dies in diesem Buch auch der Fall ist, liegt der Fokus naturgemäß auf dem Inhalt der Geschichte. Werden aber über die gleichen Sequenzen Tonbandaufzeichnungen etwa zu Supervisionszwecken gehört, ergibt sich schon ein anderes Bild. Das Beziehungsklima, das schwer zu beschreiben ist, wird spürbar.

Neben dem Beziehungsgeschehen auf der analogen Ebene, dem

Beziehungsgeschehen zwischen Therapeut und Kind, betrifft, bildlich gesprochen, eine dritte Ebene das Beziehungsgeschehen letztlich auch immer das Verhältnis Kind-Eltern. Genetisch betrachtet baut sich ein Beziehungsgeschehen zwischen Kind und Eltern während der Entwicklung auf, das als gesamtes Verhaltensrepertoire in der therapeutischen Situation gezeigt wird und wo quasi Energiegeladenes, Problematisches auf der analogen Ebene reinszeniert wird. Auch wenn in einem Spielgeschehen keine Elternfiguren erscheinen, sind die entsprechenden Affekte letzten Endes an Erfahrungen mit Elternfiguren geknüpft. Im Unterschied zu einer vielleicht kurzschlüssigen psychoanalytischen Betrachtungsweise wird in der szenischen Spieltherapie deshalb aber nicht der Schluss gezogen, dass die dargestellten Figuren »in Wirklichkeit« die Eltern bedeuten. Demzufolge wird dies auch nicht in diesem Sinne gedeutet. In meinen Augen wäre dies auch nicht sachgerecht, denn beispielsweise bedeutet ein böser Zauberer nicht einfach eine negativ geprägte Vaterimago, auch wenn im Einzelfall sich bei einem Klienten sowohl böser Zauberer wie auch eine negativ geprägte Vaterbeziehung herausstellen sollte. Therapeutisch macht es gerade keinen Sinn, die beiden Momente metapsychologisch kausal zu verknüpfen und dies einem Klienten zu deuten. Eher wäre dies ein Versuch, psychologisch wichtige »Symbolketten« zu überspringen, von einer erlebnisorientierten Auseinandersetzung wegzukommen zu Gunsten einer rational-logisch-kausalen Betrachtungsweise mit einem Endergebnis, das niemand will, nämlich der berüchtigten Fähigkeit, die eigene Störung zu erklären, ohne dass sie verschwunden ist.

Wenn ein Kind auf der szenischen Ebene sein Repertoire an Verhaltensweisen erweitert, bedeutet dies im allgmeinen auch, dass sich das Kind im Alltag mit der Zeit verändert. Es wird vielleicht neugieriger, fragt bei den Eltern mehr nach, wehrt sich bei ihnen besser oder sucht mehr Nähe. Vielfach bedeutet dies, dass die Eltern ihrerseits anders auf die Kinder zugehen, mit anderen Worten, das Familiensystem wird beeinflusst. Da Kindertherapien immer mit Elternberatungen oder gemeinsamen Familiengesprächen einhergehen, wird dieser Prozess der Veränderung dadurch noch unterstützt.

Wie sich Beziehungskonstellationen auf Spielhandlungen übertragen, soll folgendes Beispiel zeigen: ein zwölfjähriges Mädchen wuchs unter schwierigen familiären Verhältnissen auf. Die Mutter galt als psychisch auffällig. Sie war unstet, impulshaft und konnte aufgrund ihrer Struktur ihren Erziehungsaufgaben nicht immer gerecht werden. Die Ehe war zusätzlich gespannt, so dass es schließlich zur Scheidung kam. Anschließend stellte sich die Frage der Platzierung der Kinder. Aufgrund der Überforderung der Mutter wurden ihr die Kinder nicht zugeteilt, der Vater war berufstätig, so dass die Kinder unter fremde Obhut kamen. Um die ganzen Erlebnisse dieser schwierigen frühkindlichen Zeit besser verarbeiten und in der neuen Plazierung mehr Halt finden zu können, wurde für das Mädchen eine Psychotherapie vorgeschlagen.

In der ersten Stunde stellt das Mädchen einen Bauernhof auf. Er wirkt in der ganzen Szenerie rechtszentriert. Die Türe des Stalles steht offen. Darin liegt ein Baby allein im Bett. Rechts vom Stall füttert eine Magd die Hühner. Sie hatten gerade Eier gelegt. Links in der Szene steht ein Mädchen, vorne ein kleiner Knabe. Eine

Katze rennt einer Maus nach. Unweit des Mädchens befindet sich ein schwarzes Schaf. Auf Befragung meint das Mädchen, dass es die Magd nicht schön habe und auf dem Bauernhof arbeiten müsse.

Bei dieser Szene fällt sofort das alleingelassene Baby, die fehlende Mutter und das damit im Zusammenhang auftauchende Mutter-Kind-Thema auf. Die formale Analyse des Aufbaus des dargestellten Bildes zeigt, dass zwar menschliche Figuren vorhanden sind, sie aber alle isoliert dastehen und in verschiedene Richtungen schauen. Relativ zentral ist der Bauernhof. Dass das Baby alleine ist, wird zwar nicht explizit gesagt, aber so dargestellt.

In einem zweiten Schritt richtet sich das Augenmerk auf die Wahl und Bedeutung der Figuren und auf den sozialen Bezug. Dabei zeigen sich folgende Momente: das Alleinsein eines Babys in einem leeren Gebäude; ein isoliertes Dastehen eines Mädchens in der Nähe eines schwarzen Schafes; ein aggressives Moment wird dargestellt im Jagen der Katze nach der Maus, eine unzufriedene weibliche Rolle zeigt sich in Form der Magd und schlussendlich ein oraler Bezug durch das Füttern bzw. Gefüttertwerden.

Dieses Erstbild zeigt damit schon spezifische Eigenheiten der relevanten Thematik und passt auch gut zu den bekannten anamnestischen Daten. Es gab keine Hinweise, dass sich das Mädchen bewusst war, einiges aus seiner eigenen Situation dargestellt zu haben. Von Bedeutung ist nun, wie sich die Szenerie weiterentwikkelt.

In der nächsten Stunde stellte das Mädchen einen Tierpark dar. Dazu gehören Tiger, Schweine, Krokodil, Vögel, Schildkröte und ein Igel. Eine Besucherin (Frau) füttert die Schweine. Ein Kind richtet seinen Blick auf einen Baum, auf dem Vögel sitzen. Die Frau schaut anschließend das Krokodil an, das es – so die Patientin – sehr schön habe und faul sei.

Wiederum geht es hier um die Mutter-Kind-Thematik. Auffallend ist der fehlende gegenseitige Bezug. Statt einer Interaktion mit der Mutter schaut das Kind den Vögeln nach, die jederzeit wegfliegen könnten. Ein zweiter dargestellter Bezug besteht darin, dass die Mutter das Krokodil speziell beachtet. Was in dieser Stunde neu hinzukommt, ist eine mütterliche Figur, die in der ersten Stunde

noch gefehlt hat. Sie füttert die Schweine, nämlich das große und das kleine Schwein, die ihrerseits dadurch auch eine Mutter-Kind-Beziehung symbolisieren. Die Frau, die füttert, wird anschließend vom Krokodil angeschaut, oder umgekehrt formuliert: die fütternde Frau wird potentiell bedroht vom gefährlichen Krokodil. Der Bezug des Fütterns und Genährtwerdens wird dadurch als etwas Bedrohliches dargestellt. Eigenartigerweise sagt dann die Patientin, dass es das Krokodil am schönsten habe. Es sei faul. Die beiden Begriffe werden assoziativ gekoppelt »wenn man faul ist, ist das schön und ich kann potentiell bedrohen«. Dies könnte die Botschaft sein, die damit verknüpft ist.
In der dritten Stunde wird das Thema des Tierparks noch einmal aufgenommen. Wiederum ist eine Frau da, das Krokodil, die Schweine, aber auch Tiger, Kinder und Enten im See. Diesmal wollen die Enten explizit gefüttert werden. Ebenso sagt der Tiger, dass er hungrig sei. Er will mit Fleisch gefüttert werden. Das Krokodil liegt immer noch faul da. Nun kommt ein Wärter. Der Tiger gibt ihm zu verstehen, dass er hungrig sei. Lakonisch meint der

Wärter, es wäre in diesem Fall wohl nicht gut, den Käfig zu betreten. Wohl aus Angst, von ihm angegriffen zu werden. Der Tiger bemerkt dann aber, noch wohler wäre ihm, wenn er frei wäre.

Die orale Bedürftigkeit wird hier noch einmal betont. Das Geschehen verlagert sich auf die Tiger, die im Vergleich zu den Enten doch ein kraftvolles bedürftiges Potential darstellen und ihre Bedürfnisse anmelden. Doch wiederum wird gleichzeitig eine Bedrohung thematisiert. Hier schien es eher sinnvoll, auf das Begehren der Figur einzugehen und sie imaginativ zu füttern, bis sie satt war. Ebenso wichtig schien es, auf den Wunsch nach Freiheit einzugehen und den Jagdinstinkt zu spüren. Die Tiger hielten sich dann auch in freier Wildbahn auf.

In der nächsten Stunde wird das Thema der Fütterung auch formal nochmals zentral dargestellt. In der Mitte der Szene sind zwei Teiche, dort schwimmen Enten. Sie haben Hunger. Ein Mädchen füttert sie. Vier Bäume umrahmen den Teich. Zusätzlich taucht ein Frosch auf, der es aber nicht schön hat, weil er alleine ist. Interessant ist, dass nach der ausgiebigen Fütterung vom letzten Mal keine gefährlichen oder bedrohlichen Tiere mehr auftauchen. Ebenso hat sich eine Verlagerung in dem Sinn ergeben, dass keine erwachsene Person mehr füttert, sondern ein Mädchen, das insofern der Patientin altersmäßig näher steht. Auf den Bäumen sitzen Vögel und ruhen sich aus.

Wir nahmen die Thematik auf und es stellt sich die Frage, was gegen die Einsamkeit des Frosches getan werden könnte und sich die Vögel ausruhen. In der Folge suchte das Mädchen für den Frosch einen Kollegen in Form einer Ente. Sie schlossen Bekanntschaft und hatten Freude daran. Auf die analoge reale Situation angesprochen, meinte das Mädchen, es fühle sich manchmal auch alleine, aber das sei kein so großes Problem, weil immer Kameraden in der Nähe seien. Wie die Vögel werde sie manchmal auch müde, dies sei vor allem nach dem Schulstress der Fall.
Das Thema des Alleinseins wird in der nächsten Stunde noch ein-

mal aufgenommen. Wiederum stellt die Patientin einen Zoo auf. Verschiedene Menschen und Tiere werden dargestellt, unter anderem eine Ziege, die sich alleine fühlt. Die Intervention bestand hier wieder im Vorschlag, das Mädchen solle für die Ziege eine Artgenossin suchen. Als die Ziege eine zweite gefunden hatte, war sie zufrieden. Die ganze Szene erinnerte das Mädchen an einen eigenen Besuch mit ihrer Mutter im Zoo.
Beim Abschluss dieser Spielsequenz, es war die sechste Stunde, verlagerte sich das Geschehen auf eine magische Ebene. Die Patientin stellte eine Geschichte in einem Zwergenland dar. Dort lebte neben den Zwergen ein König, der im Wald Gold gefunden hatte. Es war so wertvoll, dass sie es im Wald verstecken wollten. Formal wurde ähnlich wie in der ersten Stunde ein Haus resp. Stall aufgestellt. Ein Mann bewacht es. Vorne steht ein Bub, ein Fuchs und ein Hase erschienen zwischen den Bäumen. Rechts davon steht eine mütterliche Figur, die ein Baby in den Armen hält. Dieses Baby – so die Patientin – hat es nun sehr schön, weil es in den Armen der Mutter liegen kann.

Der Verlauf über relativ wenige Stunden ist damit eindrücklich. Das Thema der oralen Bedürftigkeit und des Alleinseins wurde als roter Faden selbständig von der Patientin aufgenommen und in Variationen dargestellt, ohne dass der Therapeut das gesteuert hätte. Die Thematik wird aufgenommen, indem auf der szenischen Ebene die Patientin selber etwas gegen das Alleinsein der Figuren unternimmt oder hungrige Tiere füttert. Ist die Mutter-Kind-Thematik anfangs geprägt durch eine Bedürftigkeit und fehlende Nähe, hat sich am Schluss diese Distanz aufgehoben. Das Baby ist jetzt im Arm der Mutter. Gleichzeitig sind die anfänglich aggressiv getönten Inhalte gegen Schluss verschwunden. Eindrücklich ist ebenso, dass nun neu ein männliches Element zur Mutter-Kind-Beziehung dazu kommt, so dass auf der menschlichen Ebene die Zweierbeziehung zur Triade erweitert wird. Dieser Entwicklungsschritt wird symbolisch unterstrichen, indem jetzt etwas Wertvolles gefunden wird, nämlich das Gold, das nicht mehr verloren gehen soll.
Es ist klar, dass mit dieser kleinen Sequenz noch keine endgültige Strukturveränderung der Psyche erfolgt ist, dies erfordert einen längeren Durcharbeitungsprozess, aber es ist ein guter Schritt dazu. Zusammengefaßt kann bezüglich der Übertragungssituation Folgendes gesagt werden: anamnestisch war die problematische Mutter-Kind-Beziehung gut dokumentiert. Sie war geprägt durch Momente der Vernachlässigung und der Mangelförderung. Die Patientin erzählte in der Therapie, dass die Mutter oft weggegangen sei ohne die Kinder richtig zu versorgen. Sie blieben stundenlang in der abgeschlossenen Wohnung zurück und verköstigten sich selbständig aus dem Küchenschrank. Auch sei es vorgekommen, dass sie durch das Fenster aus dem Haus gestiegen seien, weil sie nicht länger alleine sein wollten. Vergleicht man dies mit dem Thema der Geschichte, die unser Mädchen dargestellt hat, sind unschwer Parallelen zu finden. Auch in der Geschichte ist ein allein gelassenes Kind und die fehlende Mutter dargestellt worden. Hier wie dort finden wir einen fehlenden Bezug zueinander. Es gibt deshalb gute Gründe zu sagen, dass die zentralen Punkte einer lebensgeschichtlichen Entwicklung als Thema auf die Spielsituation übertragen und dort reinszeniert wurden. Dies

entspricht einer Übertragung auf der analogen Spielebene. Es mag sein, dass das Spiel nicht ein genaues Abbild der realen Situation ist, da im Spiel Symbolisierungsprozesse stattfinden. Es geht auch nicht um Details, sondern um eine prinzipielle Hauptthematik. Die Behandlung dieser Übertragung passiert konstruktiv so, dass sie von der Patientin selbst aufgenommen und mit Hilfe des Therapeuten auf der Spielebene weiterentwickelt wird. Konkret geschieht dies in unserem Beispiel durch die Absättigung oraler Bedürfnisse und durch die Lösung der dargestellten Probleme durch die Patientin selbst. Sie selber füttert hungrige Tiere oder tut etwas gegen die Einsamkeit des Frosches. Dadurch wird ein Entwicklungprozess auf der analogen Spielebene in Gang gesetzt, der die Ich-Funktion der Patientin fordert. Mit ihren eigenen Anstrengungen, für die Defizite der Spielfiguren etwas zu tun, tut sie indirekt etwas für sich. Wie die Szenen zeigen, ist damit eine Änderung der affektiven Situation verbunden. Das Grundgefühl des Mädchens wird verbessert, weil es andere und neue Erlebnisse integrieren und neue Verhaltensstrategien entwickeln kann. Da dieser Prozess gleichzeitig über die Darstellung der defizitären Strukturen geschieht, wird quasi gleichzeitig damit die Vergangenheit bearbeitet. Dies alles bedeutet die Abkehr von einer verbalen Deutung seitens des Therapeuten zum Beispiel in Bezug auf kindliche Defizite oder frühkindliche Erlebnisse mit der Mutter. Das schließt allerdings nicht aus, dass anschließend im Gespräch analoge Themen besprochen werden können.

Wie stellt sich die Übertragung bezüglich der Beziehung zwischen Kind und Therapeut dar? So wenig wie in einer dargestellten Geschichte eine Figur in Wirklichkeit eine Elternfigur bedeutet, so wenig bedeutet eine gewisse Figur in Wirklichkeit den Therapeuten. Das schließt nicht aus, dass Erfahrungen mit den Eltern oder Erfahrungen mit dem Therapeuten eine bestimmte Grundstimmung des Kindes beeinflussen, was seinerseits ermöglicht, dass analoge Erfahrungen im Spiel dargestellt werden. Abgesehen davon ist parallel zum Spielgeschehen zu überlegen, wie sich die Beziehung Kind–Therapeut entwickelt. Es ist nicht so, dass das Spiel des Kindes nichts mit der therapeutischen Beziehung zu tun hätten. Diese Beziehung ist quasi im Spiel eingeflochten und umgekehrt. Der Therapeut verfolgt das Spiel, er interessiert sich, macht Vorschläge oder lässt dem Spiel freien Lauf. Er nimmt damit an der Welt des Kindes teil. All dies bedeutet einen Beziehungsmodus, der sich sehr »engmaschig« bezüglich dem Spielgeschehen zwischen Kind und Therapeut entlang dem roten Faden weiterentwickelt. Die therapeutische Beziehung ist deshalb nicht vom Spielgeschehen auf der analogen Ebene zu trennen, auch wenn es innerhalb eines Spielablaufs vom Inhalt der Geschichte her um ganz andere Themen als die therapeutische Beziehung geht. Abgesehen davon ist darauf zu achten, wie sich die therapeutische Beziehung auch ausserhalb des gemeinsamen Spiels entwickelt. Innerhalb einer Therapiestunde ist das Spiel normalerweise nur ein Teil. In unserem Beispiel gab es zusätzlich ein paar Sequenzen, wo die Problematik anhand der Gegenübertragung sichtbar wurde. Das Mädchen hatte nämlich einmal den Wunsch, eine Geschichte zu lesen. Sie nahm das entsprechende Buch und las still für sich. Der Therapeut fühlte sich während dieser Sequenz völlig überflüssig und ausgeschlossen. Diese Momente hielten allerdings nicht lange an und es ging darum, auch diese Geschichte miteinander zu teilen.

Was bedeutet die Übertragung schließlich für das Kind-Eltern-Verhältnis? Das Spielgeschehen zeigt dem Therapeuten wichtige Beziehungskonstellationen. Es kann überlegt werden, ob analoge Muster im realen Leben zwischen Kind und Eltern vorkommen. Das Kind kann danach gefragt werden. Dadurch kann das Kind-Eltern-Verhältnis zum Thema werden und im Gespräch, sowohl mit dem Kind, als auch mit den Eltern, beleuchtet werden. Dabei sollte man allerdings darauf achten, dass das vom Kind dargestellte Spiel nicht ungefragt den Diskretionsrahmen überschreitet.

Zum Problem des Widerstands

Viele Kinder sprechen sehr gut darauf an, mit Figuren eine Geschichte darzustellen. Andere probieren dies einmal und stellen fest, dass es ihnen nicht entspricht. Sie wollen die Therapiestunde lieber anders gestalten. Wiederum bei anderen Kindern gibt es Schwierigkeiten im Verlauf. Die Gründe dazu können ganz verschieden sein und müssen individuell geklärt werden. Grundsätzlich ist einem Kind zuzugestehen, dass es nicht in jedem Fall genau diejenige Therapiemethode optimal findet, die der Therapeut gerade bevorzugt. Von daher muss es nicht Widerstand sein, wenn ein Kind andere Aktivitäten bevorzugt. Ich habe den Eindruck, dass es beim vermeintlichen Problem des Widerstands manchmal vielmehr um die Frage des Mediums oder der verschiedenen Ebenen des Zugangs zu einem Kind geht. Entscheidend ist der übergeordnete Therapieprozess. Will ein Kind anstatt zu reden lieber malen, will es anstelle des Spiels lieber vom Alltag erzählen, mag es das Medium wechseln, die Erfahrung ist jedoch, dass ein Kind unabhängig von dieser Ebene seine Probleme immer wieder darstellt. Die Form und die Symbolisierungsart können dabei wechseln, die entscheidenden Inhalte werden sich bei einer guten therapeutischen Beziehung aber wieder zeigen. Von daher mag die Berücksichtigung dieses einen Aspektes um Fragen des Widerstands eine gewisse Flexibilität im Umgang mit dem Kind bringen.

Wenn ein Kind also zu Beginn sich schon weigert, Spielfiguren aufzustellen, dazu keine Ideen hat oder umgekehrt überaktiv alle möglichen Figuren sehr schnell und oberflächlich aufstellt, ist zu fragen, ob dies nur eine Frage des Mediums ist oder, ob der therapeutische Gesamtprozess blockiert ist. Wenn solche prinzipiellen Blockierungen am Werk sind, ist dies wohl primär über eine Verbesserung der Beziehung zu lockern, das heisst, es geht darum, flexibel einen möglichen Zugang zum Kind zu finden und Machtkämpfe zu vermeiden.

Ein anderes Problem stellt sich dar, wenn es im Verlauf einer Spielsequenz zu Widerständen kommt. Möglicherweise sind dafür inhaltliche Gründe zu finden, das heißt, im Spiel werden unangenehme Affekte freigesetzt, die das Kind verunsichern. Es stellt sich die Frage, ob durch ein Gespräch, eine Intervention auf der szenischen Ebene oder durch eine momentane Absetzung des Spiels die Situation entspannt werden kann.

Ein sechsjähriges Mädchen litt darunter, dass es »keinen Vater mehr habe«. Die Eltern hatten sich vor drei Jahren getrennt, weil der Vater Beziehungen zu anderen Frauen hatte und manchmal gewalttätig gegen die Mutter vorging. Bei der Trennung vereinbarte das Gericht eine Besuchsregelung, die der Vater aber nicht einhielt, so dass in den folgenden Jahren dies immer wieder Anlass zu Diskussionen gab. Das Mädchen reagierte unruhig und nervös auf den Ausfall des väterlichen Besuchs.

Bei der Verwandlung der Familie in Tiere stellte unser Mädchen seine Mutter als Giraffe dar, sich selber als ein Flusspferd, die Schwester als einen Esel und den Vater als ein Krokodil, weil es »böse sei und große Zähne habe«. Auch formal drückte sich die Entfremdung zwischen Mutter und Vater dadurch aus, dass die Giraffe eng zusammen mit dem Flusspferd links aufgestellt wurde. Das Krokodil dagegen wurde unten rechts in deutlich großer Distanz dazugefügt.

Das Mädchen fand es schwierig, von dieser Szene ausgehend eine Geschichte zu entwickeln. Das böse Krokodil wirkte bedrohlich. Dazu kam, dass es recht bewusstseinsnah mit dem realen Vater assoziiert wurde. Es war klar, dass eine direkte Konfrontation mit dem Krokodil schnell zu einer Überforderung führen könnte. So war es sinnvoll, zu Beginn dieser Therapie einem Konflikt im Moment lieber aus dem Weg zu gehen. Stattdessen geht es in diesen Fällen um eine Besänftigung der Angst, um die Bereitstellung von Schutzmöglichkeiten und um den Aufbau von positiv besetzten Figuren. Erst wenn diese Basis gegeben ist, können sich Kinder daran wagen, die Auseinandersetzung mit bösen Figuren zu wagen. Gleichzeitig ist ein verstärkter Kontakt auf der Beziehungsebene Kind–Therapeut angezeigt, wobei das angesprochene Familienproblem aufgenommen werden kann, aber nicht muß. Der Widerstand hatte hier eine sinnvolle Schutzfunktion und es würde keinen Sinn machen, die Auseinandersetzung mit dem Krokodil ins Zentrum der Bemühungen zu setzen.

Ein anderes Beispiel betrifft einen achteinhalbjährigen Jungen. Er wurde angemeldet, weil der Lehrerin sein Leistungsabfall und seine Konzentrationsstörungen aufgefallen waren.
Während der Untersuchung erklärte der Junge, dass er wegen der kürzlich erfolgten Trennung der Eltern oft traurig sei.
Sein Erstbild sah folgendermaßen aus:
Im oberen rechten Quadranten stellte er regelmäßig in Reih und Glied Tiere auf. Er wählte erst den Tiger, dann die Maus, die Schildkröte, den Igel, die Schnecke und einen Hasen. Dazu befragt, zeigte sich, dass der Löwe den Hasen fraß, die Katze fraß die Maus und der Igel die Schnecke.
Wie unschwer zu erkennen ist, erfolgt die Auswahl der Tiere nach dem Schema Aggressor/Opfer. Daneben verkörpern die Tiere – den Tiger ausgenommen – auch Qualitäten von Abwehr, Angst und Schutz. Obwohl der Knabe von der Mutter und der Lehrerin als deprimiert und traurig beschrieben wurde, zeigten sich in diesem Bild zusätzlich die Komponenten der existentiellen Bedrohung und der Aggression. Der Knabe drückte damit eine reale Situation adäquat aus.
In diesem Beispiel wird zwar eine starke Bedrohung sichtbar. Die Angst ist aber weniger direkt mit der realen Familiensituation assoziiert. Die Problematik ist weitgehend auf der Spielebene projiziert und hat subjektiv vom Kind aus gesehen wenig bis gar nichts mit ihm zu tun. Es ist darum leichter, hier weiterzufahren.
Obwohl es ein Grundprinzip ist, dass ein Kind zu seinen gewählten Figuren einen Kontakt aufbauen soll, muss das unter Umständen im Einzelfall zu Beginn einer Therapie anders gehandhabt werden. Manchmal ist ein Kind voller Aggressionen und es spricht nicht darauf an, die Aggressionen in einen konstruktiven Dialog unter den Tieren zu lösen. Stattdessen will es, wie in unserem Beispiel, die entsprechenden Gefühle ausagieren. Bei kleinen Kindern kann das sinnvoll sein, weil hier das Töten von Tieren eine andere Bedeutung hat als bei älteren Kindern oder Erwachsenen. Es geht mehr um ein symbolisches Töten, wobei böse Tiere einfach verschwinden, danach aber genausogut wieder leben können. Es ist eine Art der Bewältigung von Konflikten, entsprechend der magischen Entwicklungsstufe des Kindes. Lässt man

diese Kinder eine Zeit lang ihre Aggressionen ausagieren, erübrigen diese sich meiner Erfahrung nach früher oder später, und vielfach konstelliert sich zwischen den beteiligten Tieren ein Konflikt oder eine Rivalität.

In einer anderen Spielart von Widerstand werden negative Gefühle nicht nur auf der Spielebene dargestellt, sondern auch in der therapeutischen Situation ausgedrückt. Dies kann so weit gehen, dass ein Patient plötzlich lieber seine Symptomatik verliert, als sich auf eine Beziehung einzulassen.

Über den Hausarzt wurde ein zwölfjähriger Junge angemeldet, der seit längerer Zeit an Kopfweh litt. Obwohl nach der Abklärung nicht nur die Eltern, sondern auch der Sohn mit einer Psychotherapie pro forma einverstanden waren, wurde die Erststunde für alle Beteiligten nicht einfach. Der Patient gab sich völlig verschlossen. Sein Verhalten drückte deutlich aus, was er von der Situation hielt, nämlich nichts. Die Mutter, die bei diesem Gespräch dabei war, geriet deshalb zusehends unter Druck. Schließlich gab der Junge auf Befragung hin zu verstehen, dass er gegen eine Therapie sei und lieber – trotz des Kopfwehs – zu Hause geblieben wäre. Wir vereinbarten mit der Mutter deshalb die Regelung, dass wir nach drei bis vier Stunden diese Frage nochmals aufgreifen würden. Bis dahin sollte der Junge kommen, auch wenn er davon nicht ganz begeistert war. Diese Regelung schien auch darum angezeigt, weil nach Meinung der Mutter genau diese Ablehnung vor jeder neuen Situation die gleiche sei. Der Sohn reagiere immer mit Unwillen und wolle Begonnenes wieder abbrechen oder erst gar nicht anfangen. Da ein Gespräch auch ohne Beisein der Mutter nicht zustande kam, schlug ich vor, mit den Spielfiguren eine Szene aufzustellen.

Im Erstbild stellte er zwei Kühe und den Stier in die Mitte. Die Tiere schauen sich gegenseitig an und bilden einen Kreis. Von links betritt ein Bauer die Szene. Als obere Begrenzung werden halbkreisartig vier Bäume aufgestellt, die zugleich wie ein Schutzschild gegen den Therapeuten wirken, der auf der anderen Tischseite sitzt.

Das Bild zeigt inhaltlich, dass es um Kühe und einen Stier geht, allgemeiner ausgedrückt, um Weibliches und Männliches. Dieses Thema ist von der formalen Gestaltung her zentral. Das Ganze wird gegenüber dem Therapeuten zwar dargestellt, aber abgeschirmt oder zumindest quasi abgegrenzt. Auf der Beziehungsebene Kind–Therapeut ist die Darstellung verbunden mit Sprachlosigkeit, Blockade, Missbilligung und Verweigerung. Könnte es sein, so stellt sich damit die Frage, dass eine Mann/Frau-Beziehung eventuell mit mütterlichem Aspekt, wie es die Bedeutung einer Kuh nahelegt, im Modus dieser eben beschriebenen Darstellungsweisen erlebt wird?
Schließlich, nach Reflektierung dieser Überlegungen, gelang es doch noch, das Eis etwas zu brechen. Der Junge trug eine Hose im Militärlook. Auf die Art dieser Hose, speziell auf die Tarnfarben angesprochen, kam der Junge doch mehr aus sich heraus und erzählte von seinen Ferien in Italien.
In der zweiten Stunde stellte er eine Urwaldszene dar. Rechts standen ein Elefant und ein Flusspferd, links ein Löwe und ein Ti-

ger. In der Mitte lagerte die Leopardenfamilie, gegen oben wurde die Szene von drei Bäumen abgeschirmt. Zum Geschehen sagte der Junge, dass sich die Tiere versammeln, er konnte nicht sagen warum und wozu. Selber wäre er am liebsten der Tiger.
Auf seinen Bezug zu den Tieren angesprochen, erklärte der Junge, dass er selber auch gerne in natura diese Tiere erleben würde. Schön wäre eine Reise nach Kenia. Ein Freund von ihm sei dort in den Ferien gewesen und sie hätten während einer Safari Löwen und andere wilde Tiere beobachtet.
Nach Ablauf der abgemachten Probefrist besprachen wir mit der Familie das weitere Procedere. Der Junge wollte die Therapie auf keinen Fall fortsetzen. Er war inzwischen frei von Kopfschmerzen und sah deshalb keinen Grund mehr weiterzumachen. Die Mutter hatte große Mühe, dem Sohn die Symptomfreiheit zu glauben. Außerdem war sie besorgt darüber, dass der Junge immer wieder etwas beginnen würde und es nicht weiterführte. Während des ganzen Zusammenseins mit dem Sohn war dessen Kontaktabwehr zu spüren und es schien offensichtlich, dass dieser Kontakt ihm mehr Mühe bereitet hatte, als es ihm sein Kopfweh machte. Meiner Erfahrung nach bringt es nichts, Kinder zur Therapie zu zwingen, und es bietet sich hier als Alternative eine Elternberatung an.
Im üblichen Verständnis geht es in der psychotherapeutischen Arbeit darum, Widerstände zu überwinden, um damit die eigene Struktur zu verändern. Widerstände tauchen normalerweise gerade dann auf, wenn bestimmte Strukturen angesprochen werden, die als problematisch erlebt werden. Ich möchte im Folgenden auf ein Paradoxon eingehen, das sich darin zeigen kann, dass zwar bedeutsame Strukturen freigelegt werden, ein Fortschritt in der Therapie aber gerade darin besteht, diese problematische Struktur nicht zu bearbeiten. Offenbar gibt es Kinder, die dadurch zu sehr irritiert würden, und es genügt, auf andere, gesunde Seiten zu setzen und auf deren kompensatorische Funktion zu vertrauen. Für das Kind sind in diesen Fällen einfach andere Aspekte in einer Therapie wichtig und es geht darum, sie zu respektieren. Es ist in meinen Augen nicht prinzipiell voraussagbar, bei welchen Konstellationen dies der Fall ist, sondern dies hängt mit der konkreten

Einzelsituation eines Patienten zusammen. Während zum Beispiel bei einem Mädchen in der Pubertät bei einem männlichen Therapeuten diesbezügliche Schwierigkeiten auftauchen, gibt es bei einem anderen gar keine Schwierigkeiten. Oder, bei einer kleinen Patientin stockte der Fluss einer erfundenen Märchengeschichte relativ schnell, während sie bei Gesprächen über scheinbar unwichtige Alltagsgeschichten wie ein Wasserfall redete. In einer Zeichnung über ein wichtiges Thema einer szenischen Darstellung mit Figuren stellte sie ein Tor dar. Es war verschlossen und bedeutete, dass niemand den Bereich hinter dem Tor betreten solle. Damit war symbolisch klar ausgedrückt, dass nicht der Weg über eine szenische Darstellung die Wahl der Methode sein solle. In Worten konnte dies das Mädchen allerdings nicht ausdrücken. Ein Problem kann sich in solchen Situationen eher beim Therapeuten in dem Sinn breit machen, dass er in der Bearbeitung von Konflikten eher etwas Therapeutisches sehen will als in der Vernachlässigung von scheinbar wichtigen Inhalten.

Auf das angesprochene Problem soll aber anhand der Fallgeschichte eines zehnjährigen Mädchens noch konkreter eingegangen werden. Die Eltern meldeten es zur Therapie an, weil es phasenweise in depressive Stimmungen verfiel und hie und da klagte, es wolle nicht mehr leben.

In der begonnenen Spieltherapie sprach das Mädchen sofort auf den Vorschlag an, mit den Figuren ein Märchen darzustellen.

Zuerst stellte die Patientin alle Bäume in Reih und Glied am oberen Tischrand auf. Anschließend plazierte sie davor das Krokodil und einen Tiger, der auf einen goldenen Apfel wartete. Dazu stellte sie das Nest mit den Vögeln, einen Fisch und einen Pinguin auf. Die Kinder wurden vor den Bäumen in einer Reihe aufgestellt. Spätestens ab hier wurde deutlich, dass das Mädchen keine bewusste Wahl der Figuren traf. Vielmehr schien es kein Konzept für eine Szene zu haben. Der Aufbau in Reih und Glied wirkte formal recht schematisch. In der Folge wurden sämtliche zur Verfügung stehenden Figuren verwendet. Nur ein Ordnungsfaktor war insofern gegeben, dass die Tiere in einer Gruppe zusammenstanden und alle Menschen in einer anderen Gruppe. Den Schlusspunkt bildeten das große und kleine Schwein. Auf die Frage, was

die Szene darstelle, antwortete das Mädchen, dass alle Tiere einer Frau gehörten. Ein Zauberer habe die Menschen in Tiere verwandelt.
Das Mädchen war mit seinem Ergebnis der Figurendarstellung sehr zufrieden und wünschte, hinter der Szene zusammen mit den Figuren für ein Foto zu posieren. Zusätzlich wollte es ein Foto, um es nach Hause mitzunehmen. Das ganze Geschehen dauerte vielleicht gut zwanzig Minuten, und da die Therapiestunde zu Ende ging, besprachen wir, das nächste Mal mit der Geschichte fortzufahren.
Auf der szenischen Ebene zeigt sich damit folgendes:
Im Wissen darum, eine Geschichte darstellen zu wollen, wählte das Mädchen nicht selektiv aus. Der Aufforderungscharakter der Figuren war so groß, dass alle verwendet wurden. Ein bewusstes Wählen, ein »Ich-will-dies-und-jenes-Nicht«, war damit nicht gegeben. Ebensowenig wurde den Figuren ein individueller Standpunkt im eigentlichen Sinn des Wortes eingeräumt. Eher zeigte sich, dass sich Gleiches zu Gleichem gesellt, und dies in einer schematischen Weise ohne ein individuelles Aufeinander-bezogen-Sein.
Bezüglich der Sukzession der verwendeten Figuren interessierte sich das Mädchen als erstes für die Bäume. An ihrem Platz schienen sie so, als ob sie abgrenzend und schützend wirken sollten. Anschließend wurde aus der Fülle der Figuren das Krokodil ausgewählt. Es verkörpert die wilden animalischen und gefährlichen Lebensmöglichkeiten. Das Krokodil ist eine alte Gattung und steht so mit seiner Bedeutung in einem gewissen Gegensatz zur strukturierten, nicht wild aufgestellten Szene. Ähnliches gilt für den anschließend gewählten Tiger. Dieser wartete nun auf einen goldenen Apfel. Das Wilde und Gefährliche erscheint im Vergleich zum goldenen Apfel als ein rechter Gegensatz. Ein Apfel ist eine Frucht, die Hunger stillen kann, die neues Leben in seinen Samen birgt. Die Qualität Gold sagt, dass all dies sehr wertvoll, beständig und unzerstörbar ist. Beides – Tiger und goldener Apfel – wurden aufeinander bezogen, derart, dass das gefährlich Animalische im Warten offen ist für das Nährende und Wertvolle in Form des goldenen Apfels.

Insofern stellte sich die Frage, ob hier im Grund genommen ein polarer Gegensatz zwischen Gut und Böse formuliert wurde, was bedeutete, dass das Böse durch das Gute ergänzt wurde. Das anschließend gewählte Vogelnest verwies zugleich auf einen Ort, wo eine Beziehung vom Typus Mutter–Kind zu finden ist. Dort geht es um Schutz und Geborgenheit. Der Fisch und der Pinguin, die dann ins Spiel kamen, entstammen einer phylogenetisch frühen Entwicklungsstufe. Das Medium Wasser, respektive der Zwischenbereich von Wasser und Land, spielt hier eine große Rolle. Erst dann folgte die Wahl der Kinderfiguren. Obwohl die ganze Sukzession in diesem Sinne angelegt werden könnte, schien mir doch nicht die Wahl und Bedeutung der Figuren vorrangig zu sein, sondern die Tatsache, dass gerade keine bewusste Figurenwahl erfolgte. Trotzdem ist darauf zu achten, was den Schlusspunkt der Wahl bildete. Es waren das kleine und große Schwein. Da beide gleichzeitig gewählt wurden, zeigt ein Vergleich der beiden die Thematik von Klein und Groß oder von Elternfigur und Kindfigur. Dies ist das Letzte, worauf die Klientin zurückgreift.

Gesamthaft gesehen zeigte die erste Stunde ein Mädchen, das zwar motiviert an die Sache heranging, einen individuellen autonomen Standpunkt aber nicht einnahm. Das bewusste Sicheinlassen und Abgrenzenkönnen gegenüber dem zu Wählenden war kaum ausgebildet. Ebenfalls zeigten sich damit der Grad und die Grenze an Eigenständigkeit, »Ich-Stärke« und individuellem Raumeinnehmen entgegen einer schematischen Reih- und Gliedplatzierung. Ebenso wichtig wurde die Thematik des Kindseins, zusätzlich gezeigt anhand eines dafür zuständigen Ortes, nämlich einem Nest. Demgegenüber steht das Gefährlich-Wilde im Warten auf das ganz Andere und Wertvolle, das heißt den goldenen Apfel.

In einer späteren Stunde wählte das Mädchen eine Frau, einen Mann und einen Zauberer aus. Es meinte dazu, dass die Frau und der Mann als Paar zusammengehörten. Der Zauberer sei im Gegensatz zu früher friedlich geworden und zauberte aus einem Tier eine zweite Frau zurück. Zusätzlich tauchte ein König auf, der neben seine Frau aufgestellt wurde. Die Paarbeziehung wurde jedoch plötzlich gewechselt, so dass der König nun zur anderen

Frau gehörte. Der König schlug dem Zauberer vor, noch mehr Tiere in Menschen zurückzuzaubern. Als Belohnung würde er ihm dafür seine Schatzkiste überlassen. In der Tat ließ sich der Zauberer darauf ein, wollte aber nicht alle Tiere zurückzaubern, da er sonst seine restlichen magischen Kräfte verlieren würde. Noch einmal bat die Frau des Königs den Zauberer, doch weitere Tiere zurückzuzaubern. Sie würde ihm dafür zwei goldene Krüge überreichen. Neu hinzu kam nun ein Baby. Die Königin forderte den Zauberer auf, auch das Baby in einen größeren Buben zu verzaubern, der er in Wirklichkeit sei. Die Frau des Zauberers schloss sich dem allgemeinen Ansinnen an und drohte ihrem Mann mit Scheidung, wenn er die Situation der Tiere so belasse, wie sie sei. Dies alles nützte nichts, der Zauberer blieb stur. Er fand, dass es so friedlich sei. Die beiden Frauen und der König teilten diese Meinung jedoch nicht und gingen davon.

Inhaltlich konkretisierte sich eine für die Familie des Mädchens bedeutsame Struktur. Es konstellierten sich zwei Paare, wobei der König eine neue Frau fand. In der Realität erlebte das Mädchen nicht nur die Scheidung der Eltern, sondern anschließend noch mehrere Beziehungsversuche seiner Mutter, die unglücklich verliefen. Das Mädchen war jeweils froh, als diese Beziehungen der Mutter ein Ende fanden, da sie sich mit deren Freunden nicht verstand. Wenn in Geschichten Menschen in Tiere verwandelt werden oder umgekehrt, hat dies vielfach mit Entwicklungsblockaden respektive deren Auflösung zu tun. Wenn ein Mensch in ein Tier verwandelt wird, bedeutet dies meistens, dass ein Problem gegeben ist und dieses Problem nicht optimal gelöst werden konnte. Die Rückverwandlung in ein Tier entspricht einer Regression, wobei der bewusstseinsmäßige Anteil entsprechend der Tierstufe kleiner ist. Andererseits wird mit der Verwandlung vom Tier in den Menschen die Stufe der Bearbeitung bewusstseinsnäher. Mit dieser Verwandlung wird ein Potential an größeren Möglichkeiten freigesetzt, was ein Stück Freiheit bedeutet. Das Mittel dazu ist hier ein magisches in Form des Zauberers. Die magische Art Probleme zu lösen, entspricht einer Entwicklungsstufe des Kindes, ist aber keine autonome Ich-Leistung. Es kann bei Kindern manchmal richtig sein, magische Aktionen zur Problembewältigung zu-

zulassen. Aufs Ganze gesehen ist ein Ziel des therapeutischen Prozesses aber, dass anstelle von magischen Problemlösungen autonome Ich-Leistungen gesetzt werden. In unserem Beispiel pendelt das Kind zwischen Progression und Regression, zwischen Autonomie und Abhängigkeit. Einerseits gibt es eine Kraft, die Tiere zurückzaubern will, andererseits will die Gegenkraft dem Zauberer die Macht belassen. Betont wird die progressive Kraft im Umstand, dass selbst das Baby zu einem größeren Knaben werden soll, was die mütterlichen Figuren, nämlich Königin und die Frau des Zauberers, unterstützen. Die Situation endet mit einem Konflikt und das Mädchen muss schauen, was es damit macht. Anders ausgedrückt verkörpern die verschiedenen Figuren je eigene Anteile der Patientin, die ihre widersprüchlichen affektiven Regungen über die entsprechenden Aussagen der gewählten Figur deutlich macht. Es ist nicht einfach, mit diesem Spannungsfeld umzugehen, und es muss sich zeigen, ob ein Kind dem gewachsen ist.
In einer späteren Stunde fordert eine andere ältere Frau den Zauberer wie früher schon auf, er solle endlich alle weiteren Tiere in Menschen zurückverwandeln. Er ist wenigstens zum Teil damit einverstanden und verwandelt ein Tier in ein Kind. Damit seien jetzt fast alle befreit. Eine Frau entschließt sich daraufhin, zu heiraten. Der Zauberer ist nun endlich bereit, die restlichen Tiere in Menschen zu verwandeln. Überraschenderweise stirbt dabei gleichzeitig der Zauberer. Die Frau nimmt ihre Kinder und zieht in ein neues Haus ein. Die zurückverwandelten Kinder meinen, dass sie sehr froh seien, Menschen zu sein. Doch dann geschieht wieder etwas Unerwartetes. Der Zauberer ist gar nicht richtig gestorben, es schien nur so. Er will wieder zurück ins Leben kommen. Er schließt sich den Menschen an und wandelt sich zu einem umgänglichen Menschen. Vor allem betont er, dass er jetzt nicht mehr zaubern wolle. Alles hat sich damit verändert. Nur ein einziges Tier verbleibt als Tier, es ist der Kentaur. Er habe es als Tier schön. Das Mädchen meinte anschließend, bis jetzt habe die ganze Szene nicht so fröhlich ausgesehen. Vorher sei alles grau gewesen, jetzt grüne es und die Bäume würden wachsen. »Zusätzlich fließt Wasser in den Teich und andere Pflanzen wachsen nach. Die Kin-

der springen vor Freude in die Luft, die Vögel zwitschern und die Katze miaut. Schmetterlinge fliegen wieder, Fische sind im Wasser zu sehen und am Teich erscheinen neu der Skorpion und der große Fisch, der wie eine Meerjungfrau aussieht.«

In dieser Stunde setzen sich die vorher angekündigten Wandlungsprozesse fort. Bis auf den Kentaur werden alle Tiere zu Menschen. Der Kentaur selbst ist mit seinem Zustand zufrieden. Vielleicht musste er darum nicht eine Wandlung durchmachen, weil der Kentaur schon naturgemäß neben seinem Pferdekörper einen menschlichen und mit seinem Menschenkopf einen geistigen Anteil verkörpert. Nach der Befreiung der Kinder sind sie nicht mehr abhängig von einer magischen Macht, sondern schließen sich mehr den Menschen an. Nach diesem Entwicklungsschritt ist die magische Instanz des Zauberers nicht mehr nötig. Er stirbt, allerdings nicht richtig, sondern auch er wandelt sich. Der menschliche Anteil in ihm entwickelt sich zu einem netten erwachsenen Mann. Diese Wandlungsprozesse führen zu einer deutlichen affektiven Veränderung beim Kind. Blockierungen werden dabei aufgelöst und das Leben wird reicher.

In der folgenden Stunde wollte das Mädchen die Geschichte nicht mehr weiterführen. Sie konnte dafür keinen plausiblen Grund angeben. Schon zu Beginn der neuen Stunde brachte sie verschiedene Vorschläge, was sie stattdessen machen könnte. Sie interessierte sich für Malen und Modellieren. Versuche, die Geschichte anzusprechen oder nochmals darauf zurückzukommen, wehrte sie schnell ab, um sich mit um so mehr Energie auf ihre neuen Aktivitäten einzulassen. Dies erschien auf den ersten Blick um so unverständlicher, als am Schluss der Geschichte die Stimmung recht gut und der Stand der Dinge scheinbar positiv war.

Erfahrungsgemäß stellen Kinder manchmal zu Beginn einer Therapie ihre Situation recht deutlich dar. Oft sind dann diese Fragen für den Moment erledigt und die Kinder wenden sich anderen Dingen zu. In unserem Beispiel scheint es so, als ob mit der Geschichte eigene wichtige Themen angesprochen und teilweise verarbeitet wurden. Einerseits endete die Geschichte positiv, andererseits wurden damit eventuelle brisante Erfahrungen um eine Paarproblematik reaktiviert.

Auch in späteren Stunden wollte das Mädchen nie mehr etwas mit einer Märchengeschichte zu tun haben. Stattdessen war sie dann voller Ideen für andere Aktivitäten, unter anderem interessierte sie sich auch für scheinbar belanglose Gesellschaftsspiele. Ihre Grundstimmung verbesserte sich laut Eltern weiterhin und ihre Stabilität nahm zu. Die Berührung wichtiger Strukturen im Spiel schien damit nicht mehr nötig.

Szenische Konfliktlösung

Mit szenischer Konfliktlösung ist gemeint, dass ein Kind im Spiel seine problematischen Beziehungsweisen innerhalb einer Spielhandlung ausdrückt und auf dieser Spielebene gleichzeitig eine Lösung für das dargestellte Problem sucht. Dies bedeutet im Hinblick auf die Übertragung oder Beziehung zwischen Kind und Therapeut eine zusätzliche Dimension, die genutzt wird. Die aktive Problemlösung ist ein entscheidender Punkt dieser Art von Therapie und geht über die Meinung hinaus, dass seelische Kräfte allein von innen wachsen. Während sonst wichtige therapeutische Prinzipien zwischen Kind und Therapeut deutlich werden, soll gezeigt werden, dass dies genauso auf einer Spielebene zwischen dort auftretenden Figuren zutrifft. Auch hier spielt das Kind entweder als reale Person mit oder identifiziert sich mit einem der gewählten Tiere und schlüpft in deren Rolle oder wechselt zwischen verschiedenen Rollen hin und her.

Aus der Vielzahl der in einem Therapieverlauf zu beobachtenden Phänomene seien beispielhaft ein paar herausgegriffen.

Ein Hausarzt überwies einen fast dreizehnjährigen Jungen, der unter Kopfweh und depressiven Verstimmungen litt. Zusätzlich belastete ihn die Scheidung seiner Eltern und er wollte diese am liebsten rückgängig gemacht wissen.

Der Junge wirkte anfangs recht deprimiert, hoffnungslos und wurde von Zuckungen im Gesicht geplagt. Seine Aggressionshemmung stand ihm förmlich im Gesicht. Schon in einem mit Figuren dargestellten Erstbild zeigte er, was ihn beschäftigte. In der Mitte dieser Szene stehen eine Tiger- und eine Pantherfamilie, die sich gegenseitig anbrüllen. Grund des Streites sind die Jungen der Familie. Die einen wollen schöner sein als die anderen. Die kleinen Tiger haben es aber doch schöner, weil sie Eltern haben. Ein in der Nähe stehender Elefant fühlt sich einsam. Der Knabe meinte zur dargestellten Szene, dass ihn der Streit der Tiere nicht interessiere. Er würde lieber zum Elefanten gehen, weil dieser alleine sei und sie zusammen spielen könnten.

Die hier gezeigte Szene zeigt, worauf der Junge bezogen ist: nämlich auf einen Familienstreit. Dieses Bezogensein auf einen familiären Konflikt stellt sich spontan szenisch dar. Auf der anderen verbal-rationalen Ebene interessiert das den Jungen aber nicht. Damit klafft das auseinander, was er denkt und was er macht. Er verdrängt und verleugnet, dass er in einen Konflikt einbezogen ist, der seine Handlungen motiviert. Zusätzlich wird eine Schuldfrage thematisiert. Der Grund des Streits sind die Jungen.
Nicht selten sind bei Kindern Phantasien zu beobachten, wonach sie an den Streitereien der Eltern schuld sind. Naturgemäß kann sich daraus ein Gefühl der Einsamkeit entwickeln. Hier wird dieses Gefühl über den Elefanten dargestellt.
Es ist offensichtlich, dass eine direkte Deutung, wonach der Tierkonflikt im Grunde seinen eigenen Elternkonflikt darstelle, dass ihn dieser Streit doch interessiere, weil er ihn schließlich dargestellt habe, und dass er sich einsam fühle, keinen Sinn macht. Dies würde den Jungen überfahren und respektiert nicht die aktuelle psychische Verfassung. Ich ziehe es stattdessen vor, auf einer sze-

nischen Ebene weiterzuarbeiten, wobei der Junge das Tempo der Konfliktbewältigung vorgibt, ebenso die Richtung und das Thema der zu bearbeitenden Situation. Damit orientiert sich die Bearbeitung am aktuellen Stand des Patienten, wofür er im Moment offen ist, wie viel er zulassen kann und wie belastbar er ist. In diesem Beispiel formuliert der Junge klar, dass ihn im Moment eine Konfliktbewältigung nicht interessiert, sondern dass das Gefühl der Einsamkeit im Zentrum der Aufmerksamkeit steht. Darüber hinaus schlägt er sogar konkret vor, wie es weitergehen soll. Die Einsamkeit des Elefanten soll durch ein gemeinsames Spiel gemildert werden. Dies stellt eine autonome »Ich-Leistung« des Patienten dar und der Therapeut tut gut daran, sie zu unterstützen.

Meiner Erfahrung nach werden Prozesse dieser Art von den Patienten sehr gut angenommen. Der Grund liegt wahrscheinlich darin, dass speziell das aufgenommen wird, was vom Patienten schon vorgegeben wurde. Der Patient spürt, dass seine Gefühle auf- und ernst genommen werden. Das Grundprinzip der szenischen Konfliktlösung besteht für das Kind also darin, in einem Prozess folgende Schritte zu beachten:

1. Kontaktaufnahme zu der Figur, die erscheint.
2. Beziehungsaufnahme zu dieser Figur.
3. Wird ersichtlich, dass diese Figur ein Problem hat, soll das Kind dieser Figur Hilfe anbieten, oder wenn dies nicht so deutlich ist:
4. Soll das Kind im Sinne des Aufforderungscharakters dieser Figur handeln. Vielfach bedarf es dazu der Anregung des Therapeuten.

Das Kind merkt dabei, dass es im Geschehen eine wichtige Rolle übernimmt. Bei der Auseinandersetzung mit den Spielfiguren tut sich der Patient damit selber einen Gefallen, weil es schließlich seine Phantasie ist, wonach diese oder jene Figur ein Problem hat.

Der Junge konnte den Vorschlag gut annehmen, sich imaginativ in einen Spielkameraden des Elefanten zu versetzen. Sie spielten mit einem Ball, wobei der Patient immer wieder spürte, wie der Elefant auf ihn reagierte. Dieses Beziehungsgeschehen führte zu einer deutlichen Stimmungsveränderung. Der Elefant bekam Freude am Ballspiel und der Patient bemerkte, wie eine »frohe« Stimmung aufkam. Offenbar wurde das Gefühl der Einsamkeit im gemeinsamen Spiel ein Stück weit mindestens für den Moment überwunden. Zusätzlich ist von Bedeutung, dass der Spielpartner ein Elefant und nicht ein beliebiges anderes Tier ist. Das heißt, kraftvolle »männliche«, animalisch-instinkthafte Lebensmöglichkeiten, vernommen über das Tier, das dies verkörpert, eröffnen sich dem Jungen im Modus des spielerischen Miteinanderseins. Gleichzeitig ist dieses Spiel ein Beziehungsgeschehen, an dem der Therapeut teilnimmt. Wir verankerten dieses emotionale Erlebnis, indem sich der Junge diese Szene ganz bewusst und konzentriert einprägte. So konnte er während der Woche dieses Bild bis zur nächsten Stunde jederzeit reproduzieren. Der Elefant wurde damit quasi zu einem Übergangsobjekt, das den Jungen nicht ganz alleine ließ.

Nach analogen Situationen befragt, wurde es gut möglich, das Brüllen der Tiere im Zusammenhang mit einer Familiensituation anzusprechen. Der Junge konnte sich noch gut erinnern, wie sich die Eltern vor Jahren im Streit gegenseitig angebrüllt hätten. Das sei schlimm gewesen.

In der zweiten Stunde stellte der Junge einen Wald auf. Im Zentrum platzierte er einen Baum, in dessen Krone sich ein Vogelnest mit jungen Vögeln befand. Im rechten oberen Quadranten suchte ein Fuchs nach Futter. Weiter unten versteckte sich ein Hase. Der Fuchs habe den Hasen noch nicht entdeckt, meinte der Junge; hätte er ihn aber entdeckt, so wäre der Fuchs dem Hasen nachgerannt und hätte ihn gepackt.

Die ganze Bedürftigkeit eines zu kurz gekommenen Knaben schien in dieser Szene dargestellt. Der Fuchs ist ohne Nahrung. Die kleinen Vögel im Nest sind darauf angewiesen, dass ihnen jemand Futter bringt. Allerdings ist weit und breit kein ausgewachsener Vogel zu erblicken. Stattdessen ist ein Nest der zentrale Ort, an dem sich die allein gelassenen Vögel befinden.

Wie sich der Knabe selber schon aufgegeben hatte, sah man daran, dass sich im Verlauf des weiteren Spiels der Fuchs am liebsten in eine Höhle zurückgezogen hätte, sehr müde war und den Vorschlag, etwas zu essen, nicht recht annehmen konnte. Der Fuchs

habe wenig Hunger und esse lieber nichts. Das gleiche Problem wird an der Aussage deutlich, dass der Fuchs den Hasen nicht gesehen habe, sonst wäre er ihm nachgerannt. Dies stellt wohl eine Verleugnung der Realität sowie der eigenen Wünsche dar. In Tat und Wahrheit muss der Patient sowohl Hasen wie Fuchs wahrgenommen haben. Er hat sie in die Nähe zueinander positioniert, dem Fuchs aber nachher weniger an Wahrnehmung zugestanden, als er das für sich beanspruchte. Ebenso ist auf der Spielebene nichts mehr spürbar, was der Patient noch verbal als Idee des Zupackens ausgedrückt hatte. Stattdessen würde jetzt der Hase »am liebsten davonrennen, weil er Angst habe«. Die latenten aggressiven Impulse, ausgedrückt durch die Jagdbedürfnisse des Fuchses, werden quasi von der Angst verdeckt. Bei solchen Abwehrvorgängen ist es sinnvoll, als Therapeut aktiver zu werden und Vorschläge zu machen, über die Spielebene die thematisierte Angst zu verbalisieren. Konkret kann das heißen, dass der Hase dem Fuchs gegenüber ausdrücken soll, dass er Angst habe und sich fürchte, vom Fuchs gepackt zu werden. Damit ergibt sich eine Strategie, sich zu wehren oder sich gegebenenfalls zu schützen. Ein weiteres Grundprinzip ist die Idee, aggressive und bedürftige Tiere zu füttern und sie auf diese Weise zu besänftigen. Indem der Kontakt vom Patienten zu seiner von ihm aufgestellten Figur hergestellt wird, kann wenigstens dort nicht mehr passieren, was zwischen Fuchs und Hase passiert, nämlich eine Wahrnehmungsabblendung einer Figur. Die Intervention nimmt damit das Geschehen während einem Abwehrvorgang auf und verbalisiert via Patient die dargestellte Stimmung der entsprechenden Figur. Der Patient kann dann auf der szenischen Ebene nach einem konstruktiven Ausweg suchen. In unserem Beispiel ging es darum, dass die Angst des Hasen besänftigt wurde, die Schutzbedürftigkeit der jungen Vögel betont und im Moment die latenten aggressiven Impulse beiseite gelassen wurden.

In der dritten Sitzung stellte der Junge die Wasserteiche in die Mitte der Szene. Dort schwammen eine Ente und zwei Fische. Im linken unteren Quadranten schaute der Seelöwe zu. Rechts stand ein Baum. Neben dem Teich saß ein Frosch. Links oben hinter dem Baum lauerte das Krokodil. Am schönsten – so der Junge – hätten es in dieser Szene die Fische, weil sie schwimmen könnten. Am wenigsten schön habe es der Seelöwe, weil er alleine sei. Der Patient selber wäre von den gewählten Tieren am liebsten ein Fisch. Anschließend erfahren wir, dass der Seelöwe gerne baden würde und das Krokodil auf Beute warte.

Wie schon früher wurde diesmal über den Seelöwen ein Gefühl von Einsamkeit thematisiert. Neu hingegen war eine direkte Darstellung der Aggressionsthematik. Während in der letzten Sitzung dies erst angedeutet worden war, ist hier die Wahl des Krokodils ein Hinweis, dass die oral-aggressiven Seiten, welches ein Krokodil durch seine Eigenart gut repräsentiert, stärker ins Spiel kommen. Auf der anderen Seite wurden angenehme Gefühle bei den Fischen lokalisiert und dargestellt. Es ging darum, diesen Gefühlen Raum zu geben, sie zu aktualisieren und sie in einen Prozess, der vom Patienten getragen wird, einzubinden. Da der Knabe depressiv war und aufgrund seiner Passivität keine autonomen Schritte wagte, übernahm der Therapeut vorerst eine aktivere Rolle. Im Hinblick auf die latente Bedrohung durch das Krokodil

schien es angebracht, bei diesem Punkt zu beginnen und der Szene einen ersten Schutz zu gewähren. Aus diesem Grunde wurde vorgeschlagen, das Krokodil zu füttern. Die mögliche Bedrohung wurde zuerst angesprochen und vom Patienten bestätigt. In der Folge warfen wir dem Krokodil einige Fleischbrocken hin. Es war hungrig und wollte noch mehr davon. Eindrücklich war, dass der Patient, sonst passiv, über das Krokodil das Bedürfnis, gefüttert zu werden, stark betonte. In einem zweiten Schritt aktualisierten wir die Einsamkeit des Seelöwen und führten ihn in die Nähe der Fische. Er durfte dort bleiben und es ergab sich ein guter Kontakt zwischen den Fischen und dem Seelöwen. In einem dritten Schritt stellt sich der Patient vor, dass er jetzt ein Fisch wäre. Dieses Tier war von ihm anfänglich als Identifikationsfigur gewählt worden. Der Fisch (Patient) suchte anschließend die Nähe von Ente und Frosch. »Ich schwimme auf die beiden zu. Sie reagieren nicht.« Auf die entsprechende Frage des Therapeuten empfand dies der Junge als »komisch« und unangenehm. Dies galt es gegenüber den beiden Figuren auszusprechen. »Ich sage, dass ich das komisch finde, wenn ihr mich nicht beachtet. Die beiden Tiere reagieren jetzt auf mich und sagen, dass wir miteinander spielen können.« Alle Drei tauchen miteinander und finden, dass sie jetzt ein besseres Gefühl haben.

Die Sequenz zeigt, dass hier Schritt für Schritt vorgegeben wird, um den Patienten aufgrund seiner Passivität in einen Prozess einzubinden und diesen in Gang zu halten.

Das Krokodil blieb weiter als latent bedrohlicher Faktor im Spiel. Im Moment war es besänftigt. Statt sich gleich zu Beginn mit ihm auseinanderzusetzen, war es für den Jungen wichtig, erst eine Stärkung der eigenen Position zu erreichen. Diese bestand im Aufbau des Kontaktes zu neutralen oder positiv besetzten Figuren. Dass das Krokodil überhaupt als gefährliches Tier erschien, zeigte an, dass dem Patienten die Möglichkeiten, aggressiv zu sein, noch nicht ganz abhanden gekommen sind. In einem nächsten Schritt ging es darum, mit dem Krokodil einen Weg zu finden, wie beide Anteile, der aggressive und der schutzbedürftige, integer und unversehrt nebeneinander leben können. Das Ziel war schließlich, die aggressive Energie als eigene positive Möglichkeit für konstruktive Zwecke einsetzen zu lernen. Das Grundprinzip bei der Auseinandersetzung mit bösen – aggressiven Spielfiguren auf der szenischen Ebene kann folgendermaßen zusammengefasst werden:

Wenn aggressive, bedrohliche Figuren erscheinen, zeigt dies an, dass die Kinder schwer zu bewältigenden Gefühlen dieser Art ausgeliefert sind. Gleichzeitig ist es ein Versuch, solche Situationen affektiv bewältigen zu wollen. In einem ersten Schritt soll deshalb die Auseinandersetzung mit diesen Figuren gewählt werden. Zum Dialog gehört, dass die Kinder ihre Bedrohungsängste den Figuren gegenüber ausdrücken. Vielfach gehen die Figuren via Patient darauf ein, eine Entspannung wird erreicht und ein weiterer Kontakt zwischen Figur und Kind bleibt möglich. Im anderen Fall versucht zwar das Kind den Kontakt aufzunehmen, es gelingt aber nicht in konstruktiver Weise. Wenn trotz der Unterstützung durch den Therapeuten die Bedrohung durch eine Figur für das Kind weiterhin bestehen bleibt und den weiteren Fortschritt verunmöglicht, sollte das Kind geschützt werden. Dies kann entweder durch eine räumliche Distanz zum Aggressor aufgebaut werden oder durch die Fokussierung des Themas auf weniger gefährliche Bereiche. Jedenfalls ist es besser, wenn der Therapeut aktiv eingreift, so dass dessen Schutzfunktion für das Kind spürbar wird. Gleichzeitig ist es im letzteren Fall sinnvoll, dass das Kind zu positiv besetzten Figuren eine Beziehung aufbaut, sich mit ihnen identifizieren kann, um so, dadurch gestärkt, in einer späteren Phase erneut eine konfliktgeladene Auseinandersetzung zu wagen.

In unserem Beispiel hatte der Junge diese Strategie weitgehend selber verfolgt:

Im weiteren Verlauf der Geschichte traf er einen Bären, der ganz alleine war. Er lud den Jungen ein, ihn in seiner Höhle zu besuchen. Sie spielten dort zusammen und der Bär betonte, dass er froh wäre, wenn der Junge bei ihm bliebe, damit er nicht so alleine sei. Der Bär erzählte von seiner Einsamkeit und seinem Wunsch, dass jemand bei ihm sei. Der Bär wurde dabei ganz traurig und der Junge streichelte ihn. Er spürte das weiche Fell des Bären, kuschelte sich an ihn und beide spürten, wie gut ihnen dies tat. Später kamen sie auf die Idee, für den Bären einen Freund zu suchen. Sie gingen zum See, wo sie eine Ente und einen Frosch trafen. Alle badeten im See, schlossen Freundschaft miteinander, und der Bär lud seine Freunde in seine Höhle ein. Für das Nachtlager wollten die Tiere ein weiches Bett bereiten, hatten dafür aber zu wenig Stroh. Der Junge erinnerte sich an den nahen Bauernhof und wollte dort nach Stroh fragen. Eine alte Frau und ihr Mann waren ganz zufrieden, dass der Junge bei ihnen angeklopft hatte. Sie gaben den Tieren gerne das Stroh. Der Bär meinte, dass es ihm hier sehr gut gefallen habe. Der Bauer lud alle ein, noch länger zu bleiben, und bot den Tieren frische Milch von den Kühen an.

Die Situation entspannte sich damit deutlich. Wie schon früher wurde via Bär noch einmal das Gefühl der Einsamkeit thematisiert. Der Junge nahm das auf und tat etwas dagegen. Das Bedürfnis nach Geborgenheit, Nähe und Genährtwerden erfuhr dabei eine symbolische Absättigung. Gleichzeitig verstärkte sich das regressive Moment in den folgenden Stunden zusehends.

Die Tiere gingen zum Teich zurück. Im Wasser fand sich ein großer Stein, der ganz schwarz und voll von ganz kleinen Löchern war. Der Junge klopfte am Stein. Aus jedem Loch schwammen Fische heraus, unter anderem ein Delphin, der sich mit dem Jungen anfreundete. Später tauchte plötzlich ein Hai auf. Zum Glück kannte der Delphin den Hai und so griff dieser nicht an. Der Junge entwickelte keine spezielle Angst und es wurde sogar möglich, den Hai kennen zu lernen. Komischerweise lebte unter Wasser auch ein kleiner Hase. Nach einiger Zeit verlagerte sich die Geschichte wieder auf das Land und in dem Moment, wo der Hase das Wasser verließ, wuchs er zu seiner vollen Größe heran. »Die Tiere bleiben jetzt an Land und gehen nicht mehr ins Wasser.« Anschließend tauchten Jäger auf, die Hasen schießen wollten. Die Jäger waren vom König auf die Jagd geschickt worden. Der Junge war damit gar nicht einverstanden. Er suchte den König auf und es ergab sich eine länger dauernde Auseinandersetzung zwischen beiden.

Diese kurze Zusammenfassung des Prozesses, der sich in Wirklichkeit über ein paar Monate erstreckte, zeigt den Weg auf, den der Junge gefunden hatte, um seine Depression zu überwinden. Am Anfang stand die Bedrohung durch das Krokodil, der er nicht gewachsen war und die ihn in seiner Einsamkeit gefangen gehalten hatte. Über den Aufbau von guten Beziehungen zu ihm wohlgesinnten Tieren, streckenweise auf der regressiven Ebene der Unterwasserwelt, entwickelte er so viel Selbstbewusstsein und Stärke, dass er am Schluss einem Konflikt mit einem anderen Menschen, nämlich dem König, gewachsen war. Die beiden kamen mit der Zeit zu einer einvernehmlichen Lösung, nämlich nur kranke Hasen zu jagen. Die depressive Position, wonach Bedrohungen nicht bewältigt werden können, modifizierte sich. Zwar sind der Hai und der Jäger anfangs auch negative, böse Figuren, aber sie entwickeln neu auch positive, akzeptable Seiten. Das passiert vor allem dann, wenn ein Kind bösen Figuren Hilfe anbietet. Es zeigt sich nämlich, dass in vielen Fällen scheinbar böse Figuren in Wirklichkeit ein Problem haben. Wird die Angst vor bösen Figuren überwunden und erfahren sie Hilfe, wandeln sie sich oft und zeigen auch angenehme Seiten. Psychologisch gesehen hieß das für unseren Jungen, dass eine Differenzierung bezüglich seiner

Beziehungsfähigkeit stattfand und dass, psychoanalytisch ausgedrückt, die Spaltung in nur gute oder nur schlechte Objektbeziehungen aufgelöst wurde.

Intervenieren und Deuten

Was, wie und wann soll in einer Kinderspieltherapie interveniert und gedeutet werden? Diese Frage steht in einem direkten Zusammenhang mit dem Verständnis der Kind-Therapeut-Beziehung sowie dem metapsychologischen Hintergrund eines Therapiekonzeptes. Ursprünglich entstammten die Begriffe der Deutung der psychoanalytischen Therapie, die anfangs Erwachsene behandelte und an ein bestimmtes Setting gebunden war. Die Interventionen wurden auf dem Hintergrund der Abstinenzregel gesehen und eine Deutung sollte unbewusste Regungen des Patienten im Bewusstsein heben. Ein Sachverhalt, etwa jener von Übertragungsphänomenen, sollte so in einen Zusammenhang mit der Lebensgeschichte eines Patienten gebracht werden.

Bei Kindertherapien ist die Situation bezüglich dieser Ausgangssituation recht verschieden. Die Erfahrung zeigt, dass bei Kindertherapien nicht davon gesprochen werden kann, dass das Kind von sich aus die therapeutische Situation bestimmt und die Therapeutin eine bloße Deutungsfunktion innerhalb des Therapieprozesses hat. Vielmehr gestaltet eine Therapeutin die Therapiesituation sehr viel aktiver und mit mehr persönlicher Rückmeldung, als dies je in einer Erwachsenentherapie der Fall ist. Eine Kindertherapeutin muss sich viel mehr einbringen, sie steht in einem direkteren persönlichen Verhältnis als in einer Erwachsenentherapie. Wenn ein Kind beispielsweise der Therapeutin persönliche Fragen stellt, macht es keinen Sinn, diese Fragen aus Prinzip zurückzugeben. So gesehen heißt Intervenieren in einer Kindertherapie zuallererst gemeinsames Gestalten einer Situation, wobei die Bandbreite des Intervenierens sehr groß sein kann, von einer relativ zurückhaltenden analytischen Haltung bis zu einem aktiven Sicheinbringen, etwa mit Vorschlägen für die Gestaltung von Therapiestunden. Wie man innerhalb dieser Bandbreite als Therapeut reagiert, hängt vom konkreten Prozess und vom individuellen Kind ab und kann schwer allgemeingültig formuliert werden. Intervenieren heisst aber nicht, dass ein Kind in einer Therapie entsprechendes Material bringt, worauf der Therapeut aufgrund sei-

ner Theorie in bestimmten Situationen etwas sagt. Vielmehr teilen Therapeut und Kind von Anfang an eine bestimmte Zeit und einen bestimmten Raum, in dem sich beiden das Gleiche oder Ähnliches durch das Ansprechen eines Themas durch das Kind zeigt. An dieser gemeinsamen Welt nimmt der Therapeut teil und dadurch geschieht gleichzeitig Beziehung zwischen ihm und dem Kind. Dieses In-Beziehung-Stehen und Teilnehmen an dem Ausdruck des Kindes ist wahrscheinlich wichtiger als jede isolierte Intervention und Deutung. Trotzdem ergeben sich aus der Praxis ein paar Kriterien, die für Interventionen gültig sind.
Diese Kriterien sind:

- Deutung ist ein fokussiertes Eingehen auf das Sichzeigende und demzufolge ein Hellhörig- und Sehendwerden, wobei der Therapeut das Kind auf etwas hinweist, an dem das Kind sonst schnell vorbeigegangen wäre.
- Deuten geschieht im Spannungsfeld von »einspringender und vorausspringender Fürsorge«. Diese Begriffe von Heidegger meinen in der vorausspringenden Fürsorge eine Fürsorge, die dem Kind in seinem existentiellen Seinkönnen vorausspringt, nicht um ihm die Sorge abzunehmen, sondern erst eigentlich als solche zurückzugeben. Die einspringende Fürsorge beherrscht letzten Endes den anderen, weil sie das, was zu besorgen ist, für den anderen übernimmt und sich an seine Stelle setzt, so dass der andere zum Abhängigen werden kann. Die Sorge meint hier allerdings nicht den Begriff aus dem Alltagssprachgebrauch, sondern ist ontologisch zu verstehen. Das Ziel einer analytischen Haltung ist die vorausspringende Fürsorge. Der Therapeut hält sich so weit zurück, dass das Kind in eine eigenständige Position hineinwachsen kann. Einfach ausgedrückt, könnte man auch sagen, so viel Intervention als nötig und sowenig wie möglich.
- Interventionen berücksichtigen ferner das Alter und den Entwicklungsrückstand. Dabei passt sich die Sprache des Therapeuten den Verständnismöglichkeiten des Kindes an.
- Interventionen berücksichtigen die individuelle Persönlichkeit und die Art der Störung eines Kindes. Beispielsweise hört ein

depressives Kind anders zu als ein hyperaktives Kind und ist auch anders ansprechbar.

- Interventionen berücksichtigen den Verlauf eines Prozesses und den Stand der therapeutischen Beziehung. Am Anfang einer Therapie wird man mehr darauf achten, dass sich das Kind sicher fühlt. Später kann man ihm mehr an Konfrontation zumuten.
- Interventionen berücksichtigen die energetische Besetzung eines kindlichen Ausdrucks. Wenn für ein Kind ein bestimmtes Detail sehr wichtig ist, bringt es wenig, wenn der Therapeut stattdessen ein anderes Thema in den Vordergrund rückt.
- Interventionen berücksichtigen die Erfahrung, dass auf einer analogen Ebene eine phylogenetische Entwicklungslinie wirksam ist. Das heißt, dass die Entwicklung auf einer symbolischen Spielebene von der mineralisch-vegetativen über die animalische zur geistigen Entwicklung fortschreitet. Interventionen können im Einklang mit dieser Erfahrung gemacht werden und überspringen nicht Stufen, die noch nie angesprochen wurden.
- Interventionen berücksichtigen die Qualität der Zeit. Der Therapeut weiß, dass jeder Prozess Zeit braucht, oder umgekehrt formuliert, dass jede Zeit an einen bestimmten Austrag von Erlebnisqualitäten gebunden ist und dass diese Prozesse zum Teil zyklisch verlaufen oder in analoger Form zu einem späteren Zeitpunkt wieder aktuell werden.
- Interventionen berücksichtigen die »Gestalt« eines Verlaufs. Jeder Verlauf hat die Tendenz, in Sequenzen mit Anfang und Ende zu verlaufen. Dieser Rhythmus sollte respektiert werden, insbesondere beim Abschluss einer Geschichte.
- In einem phänomenologischen Verständnis ist aber wohl der wichtigste Punkt, dass eine Deutung den Sinn der dargestellten Szene anspricht und diesen aufnimmt. Es wird im Sinn der sich zeigenden Phänomene gedeutet. Das heißt meistens, dass neue Phänomene ansatzweise in die Welt des Kindes kommen wollen. Dabei soll ein Weg gefunden werden, das Anwesen dieser Phänomene, sei es konkret etwa eine böse Hexe oder eine liebe Frau, im Spiel zu akzeptieren und zu ermöglichen. Insofern geht es darum, dass das Kind in einem permanenten Prozess

steht, anderes, Neues oder Abgewehrtes in seine Welt zu lassen. Es soll sich mit diesen Gegebenheiten auseinandersetzen, lernen, diesem gewachsen zu sein, und seinerseits konstruktiv auf diese neuen Situationen reagieren. Die Therapeutin begleitet diesen Prozess, hilft ihn zu strukturieren und zeigt mit ihrer größeren Erfahrung damit umzugehen, dass dies für das Kind auch möglich ist. Die Richtung dieses Prozesses wird allerdings dem Kind überlassen und nicht von subjektiven Werthaltungen der Therapeutin bestimmt. Es mag sein, dass in der Praxis, zum Beispiel bei einer Schulverweigerung, auch gesellschaftliche Anforderungen auftreten, die mit der Welt des Kindes in Konflikt stehen, und wo eine Lösung gesucht werden kann.

Auf jeden Fall unterscheidet sich eine solche Art von Deutung klar von einer metapsychologischen Art von Deutung, wo ein Phänomen im Hinblick auf ein theoretisches Konzept eingeordnet wird.

Im Folgenden wird auf diese Problematik noch detaillierter eingegangen.

Ein Kind aus dem Kriegsgebiet im ehemaligen Jugoslawien hat den Tod von Verwandten verkraften müssen und miterlebt, wie das eigene Haus in Brand gesetzt wurde. In einer Psychotherapie sollte es seine Erlebnisse verarbeiten.

Das Kind stellte eine Szene dar, wo im linken Quadranten ein Haus stand. Rechts davon war ein Vogelnest mit jungen Vögeln drin, die gefüttert werden wollten. Noch weiter rechts lagerte die Leopardenfamilie, die nichts Spezielles vorhatte. Weiter oben zog eine Herde Schafe mit einem Hirten gegen rechts. Ein allein stehendes Mädchen schaute dieser Herde zu. Eine kleine Maus erschien und zeigte Angst, sie könnte gejagt und getötet werden. Sie schlüpfte in ein Nest aus zusammengeschnittenen Papierresten und brachte sich anschließend im Haus in Sicherheit.

Wie unschwer zu erkennen ist, gibt es zwischen der dargestellten Szene und der Lebensgeschichte des Mädchens einige analoge Themen. Auch das Mädchen musste von zu Hause wegziehen, so wie die Schafherde vom Haus weg gegen rechts zog. In diesem Bereich fand sich ein Vogelnest, wo die kleinen Vögel versorgt wurden, so wie die Flüchtlingsfamilie in der Schweiz ein zweites

Zuhause fand. Ganz rechts im Quadranten, dem Ort der Realitäten, lagerte die Leopardenfamilie, von der man nicht genau wußte, was sie vorhatte und ob sie eine latente Gefahr für die Schafe darstellte. Auch die Familie der Patientin war der Zukunft ausgesetzt, von der man nicht genau wusste, was sie ihnen bringen würde, und ob sie möglicherweise mit bedrohlichen neuen Anforderungen in der Fremde konfrontiert würden.

So wie das Mädchen den Tod von Angehörigen miterlebt hat, so bangt die dargestellte Maus um ihr Leben. Sie sucht ein Nest und verkriecht sich im Haus.

Wenn hier die Frage entsteht, wie der Therapeut auf die szenische Ebene bezogen reagieren soll, so macht es Sinn, die Bedrohung der Maus zu fokussieren. Hier geht es um Leben und Tod und damit um den Ort, wo affektiv und energetisch gesehen die größte Bedürftigkeit dargestellt ist. Aus diesem Grunde kann dem Kind gegenüber formuliert werden, dass es wichtig ist, die Maus zu beschützen. Sie braucht Hilfe und Unterstützung, um ihre Angst abbauen und sich sicher fühlen zu können. Der Therapeut kann deshalb in diesem Sinne intervenieren und das Kind fragen, wie es der Maus helfen könne. Damit wird der Patientin signalisiert, dass bedrohliche affektive Zustände, die das Kind über die Maus abhandelt, ernst genommen werden. Wenn es sogar das Kind ist, das der Maus helfen kann, wird ein aktives Problemlösungsverhalten gefördert. Ein Zustand der Hilflosigkeit wird durch sinnvolle Aktivität überwunden und es wird Hoffnung geweckt, dass ein schlimmer Zustand weniger schlimm werden kann. Manchmal entsteht dabei beim Kind sogar ein Gefühl des Stolzes und des Gebrauchtwerdens.

Ein anderes Beispiel soll zeigen, dass es neben Interventionen, die positiv wirken, auch andere Therapieverläufe gibt, bei denen – besonders bei jüngeren Kindern – Interventionen auf keinen fruchtbaren Boden fallen. Sie werden überhört und entsprechen nicht der für das Kind adäquaten Problemlösungsstrategie. Vielmehr geht es hier darum, dass es der Therapeut fertig bringt, die dargestellten Phänomene stehen zu lassen und den Verlauf des Spiels akzeptierend zu begleiten.

Ein siebenjähriger Junge litt nach der Scheidung seiner Eltern unter Kopf- und Bauchweh. Auch nach der Scheidung besuchte er seinen Vater, allerdings eher unregelmäßig. Der Vater hatte seinerseits nicht immer Zeit, war anderweitig engagiert und für Besuche scheinbar auch nicht immer motiviert. Der Junge andererseits fand die Besuche beim Vater langweilig und suchte den Kontakt wenig. Ein Gespräch der Eltern über diese Fragen mit dem Ziel einer besseren Besuchsregelung war nicht möglich, weil die gegenseitigen Ressentiments noch sehr stark waren.

Der Junge fand am Spiel mit den Figuren viel Freude. Er ging beim Spielen völlig auf und musste nie überlegen, wie die Geschichte weiterging. Im Anfangsbild verwandelte der Junge seinen Vater in ein Krokodil, seine Mutter in eine Giraffe, er selber wurde zu einem Fisch.

Die Geschichte sprudelte nur so aus ihm heraus. Besonders zu Beginn einer Therapie macht es deshalb keinen Sinn, wenn der Therapeut ständig eingreift und den Fluss der Geschichte unterbricht. Ein Kind fühlt sich dadurch gestört, es bekommt den Eindruck, dass das, was er sagt, falsch oder nicht gewünscht ist. Stattdessen kommt es darauf an, zu Beginn das Selbstvertrauen des Kindes zu stärken und den Ausdruck nicht zu stören. Zumindest gilt dies für Kinder, die innerhalb eines gewissen Rahmens bleiben und nicht ausufern oder ihre Struktur ganz verlieren. Es ist dann besser in einer zweiten Phase nach Abschluss einer Spielsequenz vermehrt zu strukturieren und nochmals auf das Spielgeschehen zurückzukommen. Der Therapeut kann fragen, was dem Kind am wichtigsten war, was es am meisten beeindruckt hat oder wie es den einzelnen Spielfiguren jetzt ergeht. Das Kind kann dazu nochmals Stellung nehmen. Wichtig ist das Erfassen des dargestellten Prinzips, ohne dass man sich in Details verliert. Wenn die Gefahr einer Ausuferung besteht, kann dem auch mit einer zeitlichen Begrenzung Abhilfe geschaffen werden.

Der Junge stellte sich vor, dass ein Monster auftauchte. Es wollte Leute erschrecken und ihnen Angst einjagen. Ebenso tauchten Piranjas auf, so dass die Menschen vor ihnen flüchten mussten. Ein Krokodil wollte auf ein Monster losgehen und es fressen. Ein Ritter kam dem Jungen zu Hilfe und tötete das Krokodil. Ein Wolf erschien und fraß viele anwesende Menschen. Zuletzt sah der Junge seinen Vater. Ein Tier bemerkte aber, dass Vater und Sohn nicht zusammengehörten. Der Sohn dieses Vaters sei nämlich tot, da könne man nichts machen. Zum Schluss wurde das Krokodil verbrannt. Dabei fing ein Haus Feuer, das die Tiere aber schnell löschen konnten.

Die Geschichte zeigt, dass es immer wieder um das gleiche Prinzip geht, nämlich um Macht/Ohnmacht, Aggression, Töten und Getötetwerden. Dabei können die beteiligten Figuren wechseln. Die in den Figuren wirksamen Affekte sind quasi frei verschiebbar von einer zur anderen Figur. Anders ausgedrückt ist dieses Gefühl der Gefahr und des Vernichtetwerdens als Grundstimmung so dominant, dass dies sich bei allen möglichen Figuren als Verhaltensmöglichkeit aufdrängt. Insofern kann von einer Symbolisierungskette gesprochen werden.

Die Ebenen wechseln dabei von der Tierebene zur Menschenebene, die relativ bewusstseinsnah ist, was sich in der Szene ausdrückt, dass der Sohn keinen Vater mehr habe.

Eine Konfliktlösung auf einer Ebene des Konflikts, des Sichaussprechens, des Widerstandleistens, des Dialoges ist hier nicht möglich. Stattdessen wird ein Konflikt damit gelöst, dass ein Gegner getötet wird. Es stellt sich aber heraus, dass die getöteten Tiere wie von selbst wieder auferstehen und in einer späteren Stunde wieder agieren. Dies entspricht einer altersgemäßen magischen Konfliktbearbeitung, wo unangenehme Gefühle auf die Figuren projiziert werden und das Kind glaubt, mit dem Verschwinden der Figur sei auch der entsprechende Affekt weg. Dass dies nicht so ist, zeigt der Fortgang der Geschichte, indem die gleichen Affekte immer wieder auftauchen. Das Ganze entspricht einem Ausagieren von Aggression und wäre für einen Erwachsenen oder ein älteres Kind eine unreife Art, Probleme zu lösen. Im Kindergartenalter ist dieses Ausagieren – wie bei unserem Kind – oft die einzige Möglichkeit. Eine Lösung ist aber nicht in ein paar Stunden zu finden. Dafür braucht es einen längeren Durcharbeitungsprozess. Das Beispiel zeigt, dass dabei nicht nur Aggression freigesetzt wird, sondern die Tiere entwickeln langsam auch konstruktive Seiten, z. B. in der Szene, wo die Tiere das brennende Haus löschen.

Interventionen zur Stützung dieser konstruktiven Seite mögen gut sein, sie können den Prozess aber nicht sehr beeinflussen. Viel wichtiger ist es, dass das Kind sich ausdrückt und der Fluss seiner magischen Phantasien strömen darf.

Szenische Gestaltung als Zugang zu einem Gespräch

Ein Problem, das alle Kinderpsychotherapeuten kennen, ist die Frage, wie Zugang zum Kind gefunden werden kann. Zwar gibt es Kinder, die sich spontan öffnen und den Therapeuten an ihrer Welt teilnehmen lassen. Genauso kommt der umgekehrte Fall vor, wo Kinder alles bagatellisieren und auf jede Frage nach dem Befinden mit »gut« antworten. Hier geht es darum, manchmal über lange Monate hinweg, eine Beziehung aufzubauen. Ich erinnere mich gut an das Beispiel eines Jungen, der zur Abklärung kam und erzählte, es gehe ihm prima, obwohl ihm die Tränen in den Augen standen. Eine szenische Gestaltung eines Themas kann hier eine Brücke schlagen.

Ein zehnjähriger Junge stellte folgende Szene auf: In der Mitte grasen Kühe und Schafe. In den linken unteren Quadranten tritt eine Bäuerin. Sie kommt vom Feld. Oben links jagen zwei Katzen eine Maus. Auf die entsprechende Frage sagt er, es sei die Maus, die es am wenigsten schön habe. In der Mitte des Szenarios kommt nun noch ein Hund hinzu. Er ist das Tier, mit dem sich der Klient identifiziert und das er am liebsten sein würde. Warum er denn gerade der Hund sein wolle? Der Hund könne normal sterben im Gegensatz zur Kuh, die geschlachtet werde. Auch die Maus werde hier gefangen und gewaltsam getötet.

Die Szene scheint erst von der Figurenwahl und von der Raumaufteilung her relativ unauffällig. Erst bei der Nachfrage nach dem Geschehen zeigte sich das Thema des Todes, resp. die Angst davor. Um mit diesem Thema zu arbeiten, soll der Knabe deshalb als Hund versuchen, sich auf der szenischen Ebene auszudrücken. Dies macht er denn auch: »Ich scheuche die Katzen weg und will die Maus fragen, ob sie Angst vor der Katze hat. Der Knabe antwortet sogleich für die Maus: Ja, ich muss immer wach sein oder mich in meinem Bau verkriechen. Ich habe jeden Tag Angst, wenn ich aufstehe. Ich frage auch die Katze, ob sie Angst habe, von einem Auto überfahren zu werden. Ja, aber noch mehr Angst habe

sie vor Hunden. Auch habe sie Angst, ausgesetzt zu werden oder dass sie in ein Katzenheim gesteckt werde.« Der Hund fragt die Schafe, ob sie Angst haben, geschlachtet zu werden. Sie bejahen. Nun geht der Knabe zur Frau und fragt sie, ob sie Angst vor dem Tod habe. Ja, das habe jeder Mensch, der stärkste und der schwächste müssten einmal sterben.
Die Intervention bestand anschließend darin, dass der Knabe als Hund die anderen Tiere fragen soll, ob er ihnen gegen ihre Angst behilflich sein könne.
»Ich frage die Kuh, was ich für sie machen könne. Nicht viel, man könne die Schlachtung nicht verhindern. Ebenso meint die Katze, man könne nicht jeden Autofahrer stoppen. Die Maus wünscht sich, dass es keine Katzen mehr gäbe. Das Schaf wünscht sich, ein Mensch zu sein. Dann würde es sämtliche Metzgereien abschaffen.« Der Junge kann die Tiere dabei sehr gut verstehen und möchte nicht in ihrer Haut stecken.
Im Anschluß an diese szenische Thematisierung der Angst lag es nahe, in einem zweiten Schritt den Jungen selber zu fragen, ob dieses Thema auch für ihn von Bedeutung sei. Es ergab sich ein Gespräch, wobei deutlich wurde, dass eine Angst um Leben und Tod auch für den Jungen aktuell war. Es war einerseits eine Angst vor dem Sterben, verbunden mit der Frage, ob man wiedergeboren wird, und wenn ja, als Tier oder als Mensch. Er selber konnte sich gut die Möglichkeit einer Wiedergeburt vorstellen, ohne dass man zu Hause oder in der Schule darüber geredet hätte. Ein Weiterleben im Himmel würde er sich aber auch wünschen. Er würde dort seine Verwandtschaft und Familie wiedersehen. Anderseits spürte der Junge auch eine gewisse Angst vor dem Erwachsenenleben. Es sei die Frage, meinte er, ob man genug Geld für eine Familie zur Verfügung habe oder ob man plötzlich auf der Straße stehe. Auch wisse man nie, was sonst noch alles passiere. Eventuell laufe einem die Frau nach der Hochzeit davon.
Real waren diese Ängste nicht begründet. Weder war die Ehe der Eltern schwierig, so dass eine Scheidung zur Diskussion gestanden hätte, noch nagte die Familie am Hungertuch. Ich konnte mir nicht vorstellen, dass der Junge ohne vorhergehende szenische Gestaltung so schnell seine Ängste einem Gegenüber formuliert

hätte. Die szenische Gestaltung steht somit im Dienst eines Beziehungsaufbaus. Wichtige Themen werden ansprechbar und der Klient kann seine Ängste mit einer anderen Person teilen. Dies ist ein erster Schritt zur Verarbeitung. Zweitens bietet die szenische Gestaltung eine Chance zur Verarbeitung. Diese besteht darin, aus dem Bild eine Geschichte zu entwickeln, in der das Kind selbst gegen die Ängste der Figuren etwas unternimmt. Damit bearbeitet er im Grunde genommen seine eigenen Ängste.

Szenische Spieltherapie und Imagination

Die Zahl und Art der zur Verfügung stehenden Figuren kann für ein Kind im Moment eine Begrenzung darstellen. Es würde sich vielleicht wünschen, über die zur Verfügung stehenden Figuren hinaus etwas ins Spiel zu bringen. In diesen Fällen kann das Figurenspiel durch Phantasiefiguren ersetzt werden. Sie können entweder ganz in der Phantasie, d. h. imaginär, gespielt werden, oder ein Tier kann symbolisch ein anderes darstellen. Auf eine andere Art der imaginären Vorstellung soll aber noch speziell eingegangen werden. Konkret kann einem Kind vorgeschlagen werden, nicht nur eine Figur auszuwählen und mit ihr einen Spielablauf zu gestalten, sondern diese Figur in der Phantasie selber zu sein.
Dies ist eine besonders bewusst erlebte Form der Identifikation. Wählt ein Kind beispielsweise einen Seelöwen zur Hauptfigur, soll es so tun, als ob es selber der Seelöwe wäre. Dazu ist es nötig, dass sich das Kind entspannt und sich völlig konzentriert in eine imaginäre Welt begibt. Dort soll es versuchen, sich vorzustellen, wie es seine Welt als Seelöwe erlebt. Wichtig ist dabei die Fokussierung auf das Körperempfinden, das Wahrnehmen der eigenen Möglichkeiten, Wünsche und Begrenzungen sowie die Interaktion mit der umgebenden Welt. Das Kind soll spüren, wie es sich als Seelöwe beispielsweise im Wasser beim Schwimmen anfühlt, wie es mit der Schnauze auf dem Festland schnuppert oder was sonst wichtig wird. Aus dieser Startposition heraus kann sich wieder eine Geschichte entwickeln, jetzt nicht über Spielfiguren, sondern rein imaginativ, wobei der Patient fortlaufend berichtet, was passiert. Gleichzeitig erzählt er die Reaktion eventueller Interaktionspartner, so dass der Therapeut die Geschichte mitverfolgen kann. Der weitere Verlauf orientiert sich an den Prinzipien der Imaginationstherapie, deren Grundsätze analog zu der hier beschriebenen Spieltherapie sind. Ein Beispiel aus einer Therapie illustriert dieses Vorgehen:
Ein elfjähriger Junge mit psychosomatischen Beschwerden wählt im Spiel einen Jäger, der im Wald auf einen Bären trifft. Ich fand es ratsam, die Geschichte nicht einfach damit zu beenden, dass der

Jäger den Bären erlegt, sondern der Knabe sollte sich imaginativ mit diesen beiden Figuren auseinandersetzen, zu ihnen in einen Kontakt kommen und dann der Geschichte freien Lauf lassen. Während einer ganzen Reihe von Stunden wurden das Thema der Jagd, das Auflauern von Beute und das Gefressen-Werden von Tieren imaginiert. Etwas makaber erzählte der Junge die Geschichte einer Bärenfamilie, die sich in kannibalistischer Art über Verwandte hermachte. Parallel dazu thematisierte er das bei der Anmeldung geschilderte Bauchweh in einer Geschichte: Ein Ungeheuer erscheint und liegt im Bett, weil es ihm schlecht ist und es von Bauchweh geplagt wird. Der Junge will ihm helfen und es findet sich eine Eule, die über medizinische Kenntnisse verfügt. Diese Eule schlägt dem Patienten vor, mit Kräutern einen Trank zu brauen, der heilsam sein würde und den das Ungeheuer schlucken soll. Dem Jungen sind der Kontakt und die verlangte Hilfe für das Ungeheuer nicht angenehm. Er hat aber keine Wahl. Das Ungeheuer würde ihn bei einer Unterlassung der Hilfe ernsthaft bedrohen. Mit der Eule zusammen suchen sie die Heilkräuter. Nach Einnahme des Trankes wird das Ungeheuer wieder gesund.
In dieser Sequenz arbeitete der Junge indirekt an seiner eigenen Heilung. Wichtig war, dass sich die Thematik des Bauchwehs an einer imaginierten Gestalt darstellte und dass der Junge dagegen etwas unternehmen konnte. Entscheidend war dabei, dass sich ein ängstlicher Affekt in Gestalt eines Ungeheuers konkrisiert, dem der Junge standhalten mußte. Im Kontakt mit dieser Gestalt soll er die Angst aushalten, sie überwinden und dazu Energie aufwenden, um nach einer Lösung zu suchen. Wahrscheinlich ist es diese Überwindung von Angst und inneren Widerständen, die zu einer Stärkung der Persönlichkeit führt. Da jetzt aktives Handeln für eine Probelösung möglich wird, ist der Austrag über körperliche, psychosomatische Beschwerden nicht mehr nötig.
Diesem Jungen fiel es leichter, die Beschwerden des Ungeheuers im Modus des konzentrierten imaginären Sich-Einlassens auf das Ungeheuer mitzuempfinden, als dies in einem Figurenspiel bloß zu kommentieren. Die Imagination diente quasi zur Verstärkung des Empfindens und bedeutet ein fokussiertes Gewahrwerden der

Problematik. Bildlich gesprochen wirkt die Imagination wie ein Vergrößerungsglas, um das im Spiel Aufgeworfene zu vertiefen.

Die Anwendungsmöglichkeiten der szenischen Spieltherapie

Eine Zusammenstellung von Figuren, Tieren und Gegenständen deckt ein breites Spektrum von Lebensbereichen, resp. ihrer symbolischen Entsprechung ab. Es kann eingesetzt werden, um innere Bilder, Phantasievorstellungen oder Wünsche nach außen darzustellen. Dabei wird vorausgesetzt, dass es einen engen Zusammenhang zwischen den gewählten Figuren und der eigenen psychischen Struktur des spielenden Kindes gibt, was meiner Erfahrung nach der Fall ist.

Folgende Anwendungsmöglichkeiten sind denkbar:
1. Die Darstellung eines Erstbildes und dessen Weiterführung
2. Die Verwandlung der Familie in Tiere und deren Darstellung
3. Die Darstellung eines Märchens
4. Die Darstellung und Weiterführung eines Traumes

1. Die Darstellung eines Erstbildes

Ähnlich wie im Szeno kann dem Kind der Vorschlag gemacht werden, aus der Fülle des Materials etwas auszuwählen und dies in einer Szene darzustellen. Die Erfahrung zeigt, dass schon das erste dargestellte Bild – ähnlich wie im Szeno – oftmals wichtige Themen des Kindes aufzeigt und einige diagnostische Hinweise liefern kann. Neben diesem ersten Hinweis auf relevante Fragen ergibt sich je nach Bedarf in einem zweiten Schritt zusätzlich die Möglichkeit, dieses Thema in einer späteren Stunde aufzugreifen und mit ersten Interventionen an der Grundstruktur des Kindes zu arbeiten.

Wie sich eine emotionale Bedürftigkeit darstellt, zeigt das Bild eines 10-jährigen Jungen. Er wurde angemeldet, weil er seit Schulbeginn in der Schule sozial auffiel. Er war laut, unkonzentriert und störte seine Klassenkameraden, ohne dass er das Gefühl hatte, die Schwierigkeiten lägen bei ihm. Der Junge stellte folgende Szene dar:

Um einen Teich stehen Bäume. Im Teich schwimmt eine Ente. Es gehe ihr nicht gut – so der Patient –, da im Teich fast kein Wasser sei. Neben dem Teich sitzen eine Schnecke, ein Hase und ein Igel. Auf einem Baum haben Vögel ein Nest gebaut, darin sitzt ein Vogel. Es geht ihm gut, weil es im Nest warm und weich ist.

Der Junge litt unter der Scheidung seiner Eltern. Er wünschte sich, die Eltern würden wieder zusammenkommen. Die Tatsache des Zukurzkommens widerspiegelt sich im Fehlen des Elementes, wo sich die Ente zu Hause fühlt, nämlich dem Wasser. Der Wunsch nach familiärer Geborgenheit zeigt sich in der Wärme und Weichheit des Vogelnestes. Der Junge nahm deshalb den Vorschlag an, sich vorzustellen, ein Vogel zu sein und sich diese Situation genau einzuprägen. Dabei spürte er selber etwas von dieser Wärme und Weichheit des imaginären Nestes.

Nach der Fokussierung auf diese Befindlichkeit veränderte der Junge die Szene. Zum Teich gesellten sich ein Fisch, ein Frosch und ein Eichhörnchen. Die Vögel waren auch jetzt wieder im Nest. Unter dem Baum wartete eine Katze, die ganz alleine war.

Nach der kurzen Konzentration auf das Geschehen als Vogel im Nest wird einerseits der Teich etwas einladender. Er vermag jetzt mehr Tiere anzuziehen, die sich normalerweise in seinem Bereich ansiedeln. Andererseits wird klarer, dass die Geborgenheit als Vogel im Nest gefährdet bleibt. So ist die Katze eine latente Gefahr für die Vögel. Zudem zeigt sich klar das Gefühl der Einsamkeit über die Figur der Katze.

Auch hier ging es darum, das Gefühl der Katze aufzunehmen und gleichzeitig einen Bezug zum Patienten herzustellen. Der Vorschlag war, der Junge solle auf die Katze zugehen und Kontkt zu ihr suchen. Er bot ihr an, ein guter Kollege zu werden. Die Katze, via Knabe, teilte ihm dann mit, dass sie kein Zuhause habe. Er bot ihr daraufhin an, im nahen Bauernhof Unterschlupf zu suchen. Interessant war dabei die Beobachtung, dass sich während dieser Sequenz die Stimmung des Jungen deutlich hob.

Das Prinzip eines Erstbildes liegt darin, dass wichtige Affekte oder Beziehungskonstellationen in einer Szene dargestellt und über Figuren ausgedrückt werden.

In einem zweiten Schritt kann der Therapeut via Figuren auf die Problematik eingehen, die Affekte herausstreichen und in Bezie-

hung zum Patienten bringen. Diese Beziehung kommt dadurch zustande, dass der Patient selber etwas unternimmt, um der dargestellten Situation entsprechend zu handeln. Die dargestellten Affekte werden quasi vom Patienten auf die Figuren projiziert und es ist nicht sicher, ob er sich dessen bewusst ist. Eventuell würde es ihm zu nahe gehen, diese Affekte als eigene zu deklarieren. Dadurch, dass vom Therapeuten Vorschläge kommen, wie mit dieser Situation umgegangen werden kann, wird Vertrauen geweckt. Der Patient sieht, dass schwierige Gefühle aufgenommen und Hilfestellungen gegeben werden. Es ist schließlich immer der Patient, der szenisch etwas unternimmt, so dass das Selbstvertrauen in die eigenen Möglichkeiten gestärkt wird. Je nach Bedarf kann diese Thematik im Gespräch aufgearbeitet oder nach Analogien im realen Leben gesucht werden.
Ebenso kann das Angesprochene malerisch weiterbearbeitet werden.

2. *Die Verwandlung der Familie in Tiere*
Eine weitere Anwendung mit dem Figuren-Set besteht darin, dass der Klient imaginär seine Familie in Tiere verwandelt und diese Szene darstellt. Dies kann in diagnostischer oder therapeutischer Hinsicht geschehen. Die Szene kann formal und inhaltlich interpretiert werden. Der formale Aspekt umfasst die Nähe bzw. Distanz der Figuren zueinander und die Verteilung im zur Verfügung stehenden Raum. Bei der inhaltlichen Analyse geht es darum, den Bedeutungsgehalt oder die Symbolik der Figuren zu erfassen. Welches sind die spezifischen Eigenheiten der gewählten Figuren, was verkörpern sie und welche Lebensmöglichkeiten sind ihnen gegeben? Mit welchem Tier identifiziert sich das Kind, wie zeigt sich die Verknüpfung vom formalen und inhaltlichen Aspekt und was geschieht mit den Tieren? Wie verhalten sie sich zueinander und was zeigt sich an eventueller Problematik? Ergibt sich ein Konflikt in diesem Tierverband oder befinden sie sich in Harmonie? Sind die Tiere aus einer dem Menschen ähnlichen Gattung oder leben sie in anderen Elementen, in Luft oder Wasser?
Ein 10-jähriger Junge wurde von der Lehrerin angemeldet. Er fiel in der Schule durch Leistungsschwankungen auf. Einmal arbeitete

er sehr gut, ein anderes Mal blieb er sehr deutlich hinter seinen Möglichkeiten zurück. Einerseits zog er sich zurück und konnte sich im Klassenverband nicht behaupten, andererseits war er gegenüber seinen Eltern aggressiv. Seine Eltern standen dieser Situation ratlos gegenüber. Die Verwandlung der Familie in Tiere ergab folgendes Bild:

Der Vater wurde zum Flusspferd, die Mutter zum Eichhörnchen, die Schwester zur Schildkröte, der Bruder zum Elefanten und der Junge selber stellte sich als Gepard dar. Die ganze Szene spielte sich am Meer ab. Das Flusspferd badete im Wasser, der Elefant kam dazu, hatte Durst und trank. Ebenso schwamm die Schildkröte im Wasser. Der Gepard befand sich ein Stück daneben und machte Jagd auf das Eichhörnchen. Er packte es und fraß es. Lachend kommentierte der Junge, dass er die Mutter fresse.

Wie das komme?

Es sei das Gebiet des Geparden. Dieser dürfe hier jagen, der König habe es erlaubt mit der Bedingung, dass der Gepard die Beute nicht allein fresse, er müsse sie teilen. Der Elefant bestätigt, dass der König das so gesagt habe.

Anschließend auf seine reale Familiensituation angesprochen, wusste der Junge zu berichten, dass er oft auf seine Mutter wütend sei. Er würde sie aber nie tätlich angreifen. An freien Tagen müsse er ihr putzen helfen, lieber würde er aber seine Freunde treffen.

Die Szene zeigt deutlich, dass auf der szenischen Ebene die Wut auf die Mutter ungeschminkt zur Darstellung kommt, was vorher im Gespräch nicht der Fall war. Inwieweit diese Wut Schuldgefühle provozieren kann, bleibt eine andere Frage. Ebenfalls ist damit die Familiensituation angesprochen und es bleibt offen, ob nur die verlangte Hilfe der Mutter die Wut auslöste. Eher schien es so, dass die allgemeine Art der Kommunikation und ein Nichtwahrnehmenkönnen der Bedürfnisse des Gesprächspartners zu einem unguten Grundgefühl geführt hatte. Es ging im weiteren Verlauf darum, um Spiel diese Problematik deutlich zu machen und bessere Strategien einzuüben.

3. Die Darstellung eines Märchens

Das Kind hat die Möglichkeit, im Rahmen einer Psychotherapie über einen längeren Zeitraum eine ganze Sequenz von Bildern zur Darstellung zu bringen. Märchenmotive eignen sich ausgesprochen für kleinere, aber auch größere Kinder. Es sind Motive, die dem Kind schon vertraut sind, die es als zu seiner Welt zugehörig empfindet. Märchen sprechen in der Sprache des Kindes, sie lassen magische Möglichkeiten offen und sind als Motiv für einen therapeutischen Prozess sehr geeignet. Sie lassen dem Kind einen weiten Raum für seine Phantasien. Im Gegensatz zur rein rational-intellektuell erfassten Welt werden dadurch regressive Prozesse gefördert, so dass eine Neustrukturierung und eine Ausweitung der Erfahrung auf dieser tieferen Stufe folgen kann. Als Startfiguren haben sich oft die Tiere bewährt, die bei der Verwandlung der eigenen Familie in Tierfiguren gewählt wurden. Es ist aber auch möglich, mit anderen Figuren zu starten.

Der Therapeut schlägt vor, diese Figuren aufzustellen. Das Kind soll sich anschließend vorstellen, was diese Figuren machen, welche anderen Figuren evtl. noch dazukommen und was sich daraus entwickeln wird. Der Therapeut kann die Geschichte, soweit es geht, protokollieren, so dass der Gesamtzusammenhang nicht verloren geht.

Diese erste Phase, die auf der Ebene der Erwachsenenpsychotherapie der freien Assoziation entspricht, wird mit der Zeit die spezifischen Beziehungskonstellationen des Patienten darstellen. Unter Umständen entspricht dies auch einem Ausagieren und dient der Befriedigung archaischer Bedürfnisse auf einer symbolischen Ebene.

In einem zweiten Schritt kann im Sinne eines Strukturierens und Fokussierens das Wichtigste einer Stunde zusammengefasst werden. Das Kind kann die wichtigste Szene nochmals zeichnerisch festhalten. Ebenso macht es Sinn, die letzte Szene eines Spiels fotografisch zu dokumentieren. Dies unterstreicht für das Kind die Bedeutung und die Wichtigkeit der von ihm dargestellten Szenen. In der nächsten Stunde wird der Ablauf nochmals kurz rekapituliert und dann daran angeknüpft. Im Folgenden wird auf diesen Ablauf über mehrere Stunden noch detaillierter einzugehen sein.

Als erstes Beispiel dazu zeigte sich bei einem achtjährigen Jungen, wie engagiert er sich von der ersten Stunde an auf ein Spiel einließ. Er wurde nach der Scheidung seiner Eltern wegen Bauchschmerzen angemeldet. In seinem Szenario rannten die einen Tiere von Anfang an auf die anderen los, um sie zu packen, zu beißen oder um sie gar zu töten. Seine Grundstimmung war offensichtlich sehr aggressiv getönt, und er lebte über die Tiere seine entsprechenden Impulse aus. Es wird nun darauf ankommen, in einem längeren Prozess seine Probleme über das Spiel besser zu verarbeiten.

4. Die Darstellung und Weiterführung eines Traumes

In jeder Psychotherapie spielt der Traum eine besondere Rolle. Das erste Buch von Freud im Jahre 1900 über Psychotherapie war jenes über die Traumdeutung. Er stellte dort seine Methode der Psychoanalyse vor, die es ermöglichen sollte, vom Traum her mehr vom Patienten zu verstehen. Seither galt der Traum als »Via Regia« oder Königsweg zum Unbewussten. Freud unterschied dann in seinen Untersuchungen den manifesten vom latenten Trauminhalt. Den manifesten Traum fasste er als Ergebnis eines Kräftespiels zwischen Triebwünschen einerseits und der Zensur durch das Über-Ich andererseits auf. Dabei werde die wahre Bedeutung des Traumes verschlüsselt. Nach der Dechiffrierung durch die Traumdeutung mittels freier Assoziationen wurde der latente, d.h. der ursprünglich gemeinte, wahre Traumgedanken freigelegt. Nach Freud haben verschiedene Schulen verschiedene Arten von Traumdeutungen in die Diskussion gebracht.

Die hier vorgeschlagene »Traumdeutung« verschiebt den Fokus der Bearbeitung in eine noch andere Richtung. Die zugrunde liegende Philosophie geht dabei von der Annahme aus, dass ein Traum eine andere Form des Existierens ist, die ihren eigenen Wirklichkeitscharakter hat. Dies ist eine Form des menschlichen Erlebens und zeigt an, wie und auf was der Träumende bezogen ist. Die Traumdinge, Tiere oder Menschen sind dabei das, als was sie erscheinen. Vielfach haben sie dem Träumer etwas zu sagen oder zeigen prägnanter als im Wachen auf, welche Gegebenheiten für den Träumer wichtig sind und vor allem, wie er sich zu dieser Traumwelt verhält.

Anstatt nun verbal oder verstandesmäßig mit dem Kind zu überlegen, was der Traum bedeuten könnte, macht es einen Sinn, in speziellen Situationen auf diesen Versuch der Deutung ganz zu verzichten, dies zumindest in einem ersten aktuellen Schritt. Stattdessen geht es darum, das Kind mit der Traumwirklichkeit nochmals möglichst intensiv zu konfrontieren. Dabei soll der Traum nochmals aktualisiert und mit all den Empfindungen erlebt werden, die das Kind dabei hatte. Eventuell muss dazu nochmals genau nachgefragt werden und es wird deutlich, wie das Kind damals auf das Traumgeschehen reagiert hat.
In einem zweiten Schritt geht es darum, ausgehend von einer Traumszene eine Geschichte zu entwickeln. Der Traum wird dabei lebendig. Die Traumtiere fangen zum Beispiel durch den Mund des Kindes zu reden an und erzählen jetzt möglicherweise Neues und Anderes als dies im Traum der Fall war. Das Kind tritt in Dialog mit den Traumgestalten, jetzt allerdings mit seinen größeren Möglichkeiten des Wachbewusstseins und in Gegenwart des Therapeuten. Dieser seinerseits kann unterstützen, gefährliche Situationen entschärfen; kurz, allgemein helfen, dass das Kind mit dem Traumgeschehen zurechtkommt. Es wird unter Umständen möglich, andere und bessere Strategien zu entwickeln und das Traumgeschehen in eine positive Richtung zu lenken. Neben der Darstellung eines Traumes kann das Traumgeschehen in einer längeren Sequenz weitergeführt werden, wobei eine bestimmte Problematik verarbeitet werden kann.

Die Darstellung eines Erstbildes

Ein zehnjähriger Junge wurde von seinen Eltern angemeldet. Der Grund war Prüfungsangst in der Schule mit morgendlicher Übelkeit und Bauchweh. Der Lehrer wusste zu berichten, dass der Knabe zwar intelligent sei, aber das Gefühl habe, er könne nichts. Obwohl er ein guter Schüler sei, unterschätze er sich. Die Abklärung zeigte deutlich eine blockierte Emotionalität und eine Stauung von aggressiven Impulsen sowie eine Verstimmungsbereitschaft.

Der Junge stellte folgende Szene auf:

Auf der linken Seite steht ein einsamer Elefant, der einen Baum fällt. Auf der rechten Seite fressen Leoparden ein Schaf, das sie gejagt haben. Rechts oben liegt ein Krokodil im Wasser und lauert einem Fisch auf. Oben in der Mitte sitzt ein isolierter Frosch, der nach Insekten sucht.

Bei einem Erstbild kann nach folgendem Schema vorgegangen werden:

1. Nachbefragung der Szene
2. Analyse der formalen Darstellung
3. Analyse der inhaltlichen Bedeutung
4. Verknüpfung von formalem und inhaltlichem Aspekt
5. Mit welcher Figur identifiziert sich der Klient?

1. Bei der Nachbefragung der Szene wird von dem Jungen präzisiert, dass der Elefant ein Arbeitselefant sei, der einen Baum fällen müsse. Auf die Leoparden angesprochen erklärt der Knabe, dass ihm dieses Thema eher fremd sei. Er würde sich selbst nicht als Jäger sehen. Von den Eltern und dem Lehrer konnte erfahren werden, dass der Junge an sich viel zu hohe Anforderungen stelle. Er schade sich letzten Endes damit selber und überfordere sich.

2. Zur formalen Darstellung ist von Bedeutung, dass die Szene raummäßig alle Quadranten betrifft, außer dem unteren linken Rand. Das Schwergewicht der Besetzung liegt eher am Rand. Die Mitte und das Geborgenheitsfeld links unten bleiben leer. Oft repräsentiert eine Randbetonung der Szene eine ängstliche Haltsuche. Eine leere Mitte hingegen sieht man oft bei relativ ichschwachen Kindern.

3. Der Inhalt der Szene ist geprägt durch folgende Elemente: Der kraftvolle Elefant verwendet seine Energie zur Arbeit. Allerdings geschieht dies nicht ganz freiwillig. Der Elefant muss arbeiten. Er ist nicht ein Elefant, der in freier Wildbahn seinem Instinkt folgt und so lebt, wie es einem freien Tier zusteht. Stattdessen steht er offenbar unter Kontrolle und Fremdbestimmung eines Menschen, der dem Elefanten nur die eine Rolle des Arbeitstieres zuschreibt. Der Elefant fühlt sich zudem einsam. Er ist nicht im Kontakt mit seinen Artgenossen, so wie ein freier Elefant mit seiner Herde umherzieht.
Ein zweites Element verkörpern die Leoparden. Auch sie sind ursprünglich freie, wilde Jäger mit einer kraftvollen Konstitution.

Anders als der Elefant leben sie hier aber ihre Natur. Sie haben nicht nur gejagt. Sie fressen jetzt ihre Beute. Offenbar waren sie hungrig und haben es verstanden, ihre Bedürfnisse nach Nahrung zu befriedigen, und waren in ihrem aggressiven Impuls nicht gehemmt.

Ähnlich das Krokodil. Es ist phylogenetisch ein sehr altes Tier, das sich im Grenzbereich Land/Wasser aufhält, sich in letzterem Medium besonders wohl fühlt. Das Krokodil fällt auf durch sein betont langes Maul, das mit gefährlichen Zähnen ausgestattet ist und sich Beute einverleiben kann. Auch das Krokodil bleibt seiner Natur treu und lauert einem Fisch auf.

Am oberen Rand sitzt ein Frosch, der Insekten sucht. Damit sind drei Tiere im Bild, die hungrig sind und angreifen wollen. Im Gegensatz zu dem Leoparden und dem Krokodil zeigt der Frosch nun aber eine andere Qualität. Er kann sich bei Gefahr verkriechen. Obwohl der Frosch also einerseits Insekten als Nahrung sucht und insofern bedürftig ist, imponiert er nicht als furchtloser Jäger. Vom Frosch her wird die Möglichkeit aufgezeigt zu flüchten, wenn Gefahr im Verzug ist. Dazu kommt, dass der Frosch, wie der Elefant, isoliert und einsam ist. Damit stellen sich folgende Aspekte dar: Das Gefühl der Isolation und Einsamkeit, die Spannung einer oralen Bedürftigkeit sowie der Impuls, aggressiv zu jagen.

4. Die Verknüpfung vom formalen und inhaltlichen Aspekt geht der Frage nach, wo in der Szene räumlich welche Affekte lokalisiert werden. Der einsame Arbeitselefant steht im linken Randteil. Dies ist der Raum, der mit der Vergangenheit, dem Unbewussten oder der Herkunft zu tun hat. Einsamkeit und Arbeiten – respektive leisten müssen ist deshalb ein Gefühl, das mit diesem unbewussten frühkindlichen Umfeld assoziiert wird. Diese Qualität des Lebens wird zusätzlich dadurch illustriert, dass hier ein Baum gefällt wird. Der Baum gilt vielfach als Symbol für das eigene Selbst. Der Baumzeichnungstest wird eingesetzt, um auf die Persönlichkeit des Probanden zu schließen. Der Baum in unserem Beispiel darf nicht als solcher existieren, er darf sich nicht gesund

und kräftig entwickeln; vielmehr wird diese Entwicklung durch einen gewaltsamen Eingriff beendet.
Auf der rechten Seite der Szene sind die Leoparden, die ihre Beute verzehren. Rechts oben, im Zukunftsfeld, lauert das Krokodil auf die Beute. Die aggressiven Impulse stellen demnach die Art und Weise dar, wie der Klient aktuell auf das ihn Zukommende bezogen ist. Die linke und rechte Seite der Szene zusammengedacht könnte demnach heißen, dass eine blockierte Entwicklung der Grund dafür sein könnte, warum sich der Patient in einer aufgesetzten, nicht zu ihm passenden Rolle wiederfindet und dass daraus aggressive Impulse entstehen.
Diese aggressiven Impulse stehen in einem frappanten Widerspruch zur angepassten und braven Erscheinung des Knaben. Der Gedanke liegt nicht fern, ob das »Hinunterschlucken« dieser aggressiven Impulse zugunsten eines Harmoniebedürfnisses dem Bauch nicht gleichgültig ist und dass das Bauchweh anstelle der aggressiven Auseinandersetzung und Bewältigung von Frustration getreten ist.

5. Dieser Gedanke wird gestützt durch einen Blick auf das Tier, mit dem sich der Junge identifizierte. Auf die Frage, welches Tier er am liebsten wäre, wählte er den Frosch. Ein Frosch habe wenig Feinde und bei Gefahr könne er sich verkriechen. Obwohl der Junge für die Szene auch kraftvolle, vitale Tiere wählte, hat er die Potenzen dieser Tiere nicht als eigene Möglichkeiten übernommen, sondern verbleibt in der Position desjenigen, der ohne Feinde sein will und sich bei Auseinandersetzungen zurückziehen kann. Auch von seiner Raumposition her wirkt der Frosch recht isoliert. Er hält sich am Rand der Szene auf und getraut sich nicht so recht ins Geschehen hinein. Dieser Grad des Selbstbewusstseins des Jungen entspricht genau der Einschätzung der Eltern.
Insgesamt gesehen kann deshalb mit gutem Grund gesagt werden, dass die emotionale Verfassung sich recht gut im dargestellten Bild spiegelt. Entscheidend beim ganzen Vorgang ist, dass ein Kind seine innere Situation in einem komprimierten Bild nach außen darstellt und dass diese Darstellung von einem Gegenüber verstanden wird.

Die Verwandlung der Familie in Tiere

Eine weitere Anwendung einer szenischen Spielhandlung besteht darin, dass ein Kind sich und seine Familie in Tiere verwandelt und diese Szene aufstellt. Ähnlich wie dies schon für die Tierfamilienzeichnung vorgeschlagen wurde, kann das Kind überlegen, welche der zur Verfügung stehenden Figuren es selber gerne wäre. Ebenso verwandelt es die Familienmitglieder in Tiere, von denen es glaubt, dass sie die Personen am besten darstellen. Entscheidend ist dabei der Umstand, dass durch die spontane Wahl eine gewisse intellektuelle Kontrolle in der Beurteilung des Kindes wegfällt. Die intuitive, unbewusste Wahl von Tieren zeigt andere Aspekte seiner familiären Situation. Es ist möglich, dass ein Kind zum Beispiel aus Loyalitätsgründen in einem Gespräch selten problematische Seiten eines Elternteiles beschreibt, obwohl es dies möglicherweise so erlebt. Zumindest gilt dies für einen Anfangskontakt, wenn ein Vertrauensverhältnis noch nicht aufgebaut ist. Bei der Familienszene interessieren folgende Punkte:

1. Analyse der formalen Darstellung.
2. Die Bedeutung der gewählten Figur bzw. deren Symbolik.
3. Die Verknüpfung der gewählten Tiere mit den realen Personen.
4. Die Bedeutung der speziellen Identifikationsfigur des Klienten.
5. Die Nachbefragung zu den gewählten Figuren.
6. Der Vergleich von familiärem Real- und Wunschbild.
7. Das anschließende Gespräch über die dargestellte Situation.

Die Verwandlung seiner Familie in Tiere zeigt das praktische Beispiel eines 12-jährigen Jungen. Er wurde zur Abklärung und Therapie angemeldet, weil er durch soziale Verhaltensschwierigkeiten unangenehm auffiel. Nach der Scheidung seiner Eltern lebte er beim Vater, der sich wieder verheiratet hatte. Die leibliche Mutter sah den Knaben nach wie vor regelmäßig. Sie war zeitweise psychisch belastet, so dass sich die Eltern einig wurden, den Sohn nach der Scheidung beim Vater zu belassen.

1. Analyse der formalen Darstellung

Die Tierfamilie stellte sich folgendermaßen dar:

Die Stiefmutter ist der liegende Leopard, der Vater ist der sitzende Leopard. Ein neues Geschwister aus zweiter Ehe wird zum Eichhörnchen, ein Bruder ist ein Igel. Der Junge selber identifiziert sich mit dem Seelöwen. Die leibliche Mutter wird bei einer ersten Aufstellung weggelassen, schließlich ist sie doch dabei, und zwar als Schnecke.

Die formale Beurteilung der Positionierung der Figuren zeigt Folgendes:

Im linken Bereich stehen der Igel (Bruder) und der Seelöwe (Klient). Sie sind relativ eng beieinander. Ihnen gegenüber im rechten Teil sitzen die beiden Tiger (Eltern). Kind- und Elternfiguren haben immerhin ca. 30 cm Abstand und schauen sich an. In der Mitte zwischen den beiden Gruppen im oberen Raumteil sitzt das Eichhörnchen (Kind aus zweiter Ehe). Die leibliche Mutter wird auf die Seite der Eltern, aber im unteren Randteil positioniert. Damit ergeben sich eine klare Elternpaarbildung sowie eine ebenso klare Trennung der Kinder aus erster und zweiter Ehe. Ganz abseits ist die leibliche Mutter. Die Figuren sind blickmäßig aufeinander bezogen und außer der leiblichen Mutter etwa gleich weit von einem imaginären Zentrum entfernt. Insgesamt fällt die räumliche Oppositionsstellung der Figuren auf.

2. Die Bedeutung der gewählten Figur
Die Leoparden als gewählte Elternfiguren verkörpern kraftvolle animalische Vitalität und Instinkt. Sie sind gute Jäger, bevölkern im Vergleich zu Europa ein ursprüngliches Land, durchstreifen ihren weiten Lebensraum und wissen sich zu behaupten. Vater und Stiefmutter kommen aus der gleichen Tier-Gattung. Sie sind ein Paar und werden als solches dargestellt.
Der Seelöwe (Klient) ist in dieser Szene das einzige Wassertier. Er hält sich ebenso in der Weite des Meeres auf, kennt keine unmittelbare räumliche Begrenzung, kann sich aber auch auf Land bewegen. Sein primäres Medium ist ein ganz ursprüngliches, nämlich das Wasser. Seelöwen sind so gesehen entwicklungsmäßig nicht mehr reine Fische, aber auch nicht ganz ausgesprochene Landtiere. Sie halten sich in einem Zwischenbereich auf. Der Igel (Bruder) ist ein Tier mit Stacheln. Im Vergleich zu den übrigen hier genannten Tieren steht damit seine Schutzfunktion oder die Möglichkeit, Angreifer zu verletzen, im Vordergrund. Im Winter verkriecht er sich in seinen Winterschlaf und ist dann von der Bildfläche verschwunden.
Das Eichhörnchen (Kind aus zweiter Ehe) wird als »herzig« bezeichnet. Das Tier wirkt harmlos, sieht mit seinem weichen Fell und dem buschigen Schwanz angenehm aus. Wir assoziieren damit ein Tier, dem das Essen wichtig ist, weil es Nüsse sammelt und einen Vorrat anlegt.
Die Schnecke (leibliche Mutter) trägt ihr Haus auf dem Rücken, in das sie sich zurückziehen kann. Sie ist langsam, trotz des schützenden Hauses verletzlich und ihre Möglichkeiten, das Umfeld weiträumig und schnell zu erfassen, sind begrenzt.
Die aufgezählten Eigenschaften dieser Tiere beschreiben sie nicht abschließend. Es sind gewisse Aspekte dieser Tiere, die dem Be-

trachter auffallen und die sie spezifisch von jeweils anderen Tieren unterscheiden.
Insofern möchte ich auch nicht von einer festgelegten symbolischen Bedeutung dieser Tiere reden, obwohl es einzelne Tiere gibt, bei denen der Symbolgehalt offensichtlich sein mag.

3. Zur Verknüpfung der Bedeutung der Familie und gewählten Tieren

Die Verknüpfung von Tier und Person bedeutet keine Gleichsetzung oder symbolische Ersetzung von einem durch das andere. Viel mehr bedeutet es, dass das Kind im Gewahrsein seiner Familie eine Tierwahl trifft. So gesehen, werden Bedeutungen der Tiere assoziativ mit Vorstellungen von den Familienmitgliedern verknüpft. Sie stehen in einem Zusammenhang, der vielleicht durch bewußte Reflexion, vielleicht aber auch intuitiv, unbedacht oder spontan unbewusst erfolgt ist. Dass das Kind aber gerade das eine Tier und nicht ein anderes gewählt hat, ist das Faktum, mit dem hier gearbeitet wird. Die Erfahrung aus dem Szeno-Test lässt jedenfalls den Schluss zu, dass diese Wahl eine psychologische Größe darstellt und in diesem Sinne nicht zufällig erfolgt. So stellen die Tiere mindestens einzelne Aspekte der Elternfiguren dar. Gewisse Lebensbezüge der Tiere entsprechen analogen Lebensbezügen der Familienmitglieder.
Nach der persönlichen Begegnung mit den Eltern des Kindes ist es mir gut nachvollziehbar, dass diese mit Leoparden assoziiert werden. Die Eltern sind ausgesprochene Sportler und gut durchtrainiert. Sie lieben die Herausforderung und das Risiko. Ihre Hobbys sind Fußball, Leichtathletik, Tauchen und Deltasegeln.
Über das Verhältnis zum leiblichen Bruder (Igel) erfahren wir von den Eltern, dass sich der Patient von ihm direkt und indirekt verletzt fühlt. Von seiner Umgebung wird der Bruder mehr beachtet. Er gilt als reifer, fortgeschrittener in der Entwicklung, größer und vernünftiger als der Patient.
Das Verhältnis des Jungen zu dem Kind aus zweiter Ehe des Vaters (Eichhörnchen) ist laut Eltern positiv, unser Knabe findet das neue Geschwister herzig und hat viel Freude an ihm.

Ebenso positiv ist das Verhältnis des Knaben zu seiner leiblichen Mutter (Schnecke). Die Mutter teilt mit, dass der Junge ihre Stimmungsschwankungen in frappierender Weise sofort wahrnehme. Schon ein erster Blick auf die Mutter genüge, und der Junge wisse sofort, wie es um sie bestellt sei. Insofern erlebt er die Verletzlichkeit der Mutter ausgesprochen stark und richtet sein Verhalten gegenüber der Mutter dementsprechend rücksichtvoll ein.

4. Die Bedeutung der speziellen Identifikationsfigur des Patienten
Neben den Identifikationen für die Familie interessiert speziell die Wahl, die der Patient für sich selber trifft. Welches Tier oder welche Figur möchte er selber am liebsten sein? Es ist denkbar, dass einzelne unbewusste Seiten eines Klienten mit einer Tierwahl deutlicher zur Geltung kommen.
Hier verwandelt sich der Klient in einen Seelöwen. Dies ist ein Tier, das im Unterschied zu den anderen gewählten Tieren in einem anderen Medium, nämlich dem Wasser, und nicht auf dem Land zu Hause ist. Entsprechend der phylogenetischen Entwicklung entspricht dies einer früheren Entwicklungsstufe. Erst gab es Wassertiere und danach Landtiere. Der Seelöwe taucht ein in die Weite des Wassers, er spürt keine direkte Raumbegrenzung. Zwar kann er sich auch auf festem Boden bewegen. Dort kennen wir ihn auch als Zirkustier, das gut dressiert und damit seiner ursprünglichen Natur beraubt ist. Es macht Kunststücke mit dem Ball auf der Nase und belustigt das Publikum.
Die Frage stellt sich deshalb, ob der Patient ebenfalls zeitweise regrediert oder eine übernommene Rolle demonstrieren muss. Anders gesehen könnte es auch sein, dass er gelernt hat, sich geschmeidig seinem jeweiligen Umfeld anzupassen. Mehr erfahren wir aber konkret erst dann, wenn sich der Seelöwe ihm Rahmen einer fortzuführenden Geschichte in einen Handlungsablauf begibt.

5. Die Nachbefragung zu den gewählten Figuren
Anstatt über die gewählten Figuren viel zu spekulieren, kann zur Bedeutung einiges mit einer Nachbefragung erfasst werden.
Zum liegenden Leoparden (Stiefmutter) meint der Junge, dass die-

ser müde sei. Er strecke die Glieder aus und der andere Leopard (Vater) schaue nach Beute und sei sprungbereit.
Das Eichhörnchen (neues Geschwister) schaue etwas trübselig, es sei alleine, habe Hunger und wolle noch ein paar Nüsse.
Der Igel (Bruder) würde gerne in den Wald gehen. Dies sei aber wegen des vielen Verkehrs gefährlich. Er getraue sich nicht, die Straße zu überqueren.
Die Schnecke (leibliche Mutter) sei langsam, sie habe ein schönes Haus und halte sich gerne dort auf.
Der Seelöwe (Patient) habe keine Lust und alles langweile ihn. Die Kunststücke, die er machen müsse, würden ihm zu viel werden. Er wolle lieber weggehen und die Freiheit genießen.
Am schönsten in der ganzen Szene hätten es die Leoparden. Sie würden nicht von anderen Tieren gejagt werden und hätten keine Probleme. Am wenigsten schön habe es die Schnecke. Sie ist in Gefahr, auf der Straße flachgetrampelt zu werden. Demgegenüber bleibt der Vater (Leopard) in dieser ganzen Konstellation recht souverän. Die leibliche Mutter hatte zwischendurch nicht nur mit ihren Stimmungsschwankungen zu kämpfen, sondern setzte sich auch für den depressiven Freund ein, der mit dem Leben nicht immer optimal fertig wurde. Wenn von den Problemen »viel zusammenkam«, war sie tatsächlich in Gefahr, auf der Strecke zu bleiben und vor lauter Last plattgedrückt zu werden.

6. Der Vergleich von familiärem Real- und Wunschbild
In diesem Schritt geht es darum zu fragen, wie es den einzelnen Tieren geht und ob sie mit ihrer Situation zufrieden sind oder nicht. Falls dies nicht der Fall ist, soll das Kind die Szene neu so gestalten, dass es ihm selber als Tier und den übrigen Tieren besser geht. Mit anderen Worten: es wird ein unbefriedigender Ist-Zustand in ein ideales Wunschbild übergeführt. Damit wird der jetzige Zustand nicht verleugnet. Er wird in seiner Realität anerkannt. Zusätzlich wird aber eine Perspektive eröffnet, wie es sein könnte. Ebenso macht das Kind selbst einen aktiven Schritt mit der Neuinszenierung, so dass Mut entstehen kann, die Situation nicht hoffnungslos erscheint.
In unserem Beispiel ging es darum, darauf hinzuweisen, dass der

Knabe selber die dargestellte Situation der Tierfamilie zum Teil gut, was ihn persönlich aber betraf, unbefriedigend fand. Der Vorschlag war, die Tierfamilie neu so zu positionieren, dass es für ihn und für die anderen besser wäre. In der neuen Situation wünschten sich die Leoparden noch mehr Kollegen. Der Seelöwe wäre gerne ins Wasser gegangen. Der Igel wollte einen Freund finden. Und ebenso wünschte sich die Schnecke mehr Kontakt.
Zum Freund des Igels wird ein Vogel bestimmt. Zur Schnecke gesellt sich die Schildkröte. Ein Fisch schwimmt zum Seelöwen, sie werden Freunde und genießen die Freiheit. Ein zweiter Vogel fliegt zum Eichhörnchen und hilft bei der Suche nach Nüssen. Die Leoparden finden ebenso neue Gefährten.
Wird nach einer Abklärung psychotherapeutisch weitergearbeitet, bietet sich dieses Familienbild an, um in einer Art Fortsetzungsgeschichte daraus ein eigenes Märchen zu entwickeln. In unserem Beispiel war dies der Fall, und der Knabe erfand mit den Figuren eine Geschichte, in der einige Punkte bearbeitet werden konnten.

7. Das anschließende Gespräch über die dargestellte Situation
Wenn in einer dargestellten Tierfamiliensituation spezifische Beziehungsmodi oder eine spezielle affektive Stimmung dargestellt wird, kann nachgefragt werden, ob sich in der realen Familie gleiche oder analoge Muster abspielen. In unserem Beispiel wäre das etwa die Frage an den Jungen, ob auch er sich oft langeweile, am liebsten weggehen würde oder das Gefühl habe, zu wenig frei zu sein.
Meiner Erfahrung nach gibt es sowohl die Entsprechung in der Realität als auch den gegenseitigen Fall, wo kein direkter Zusammenhang zur realen Familiensituation gegeben ist. Allerdings gibt es auch eine dritte Möglichkeit. Aufgrund der Anamnese, aus Schilderung von Drittpersonen oder aufgrund direkter Beobachtung wird klar, dass entsprechende Zusammenhänge bestehen, ein Klient dies aber verleugnet oder effektiv bei sich nicht wahrnimmt. Ein Zusammenhang ist im letzteren Fall nicht ansprechbar, weil dies dem Kind zu nahe gehen würde. Es ist dann eher kontraproduktiv, hier nachzuhaken. Um nicht die Intellektualisierung und Rationalisierung zu fördern, ist es besser, auf der szeni-

schen Ebene zu bleiben. Fruchtbar ist die Besprechung analoger Situationen dort, wo Kinder quasi darauf warten, das entsprechende Problem verbal mit jemandem austauschen zu können. So muss im Einzelfall entschieden werden, was diesbezüglich vom Kind her zu spüren ist.

Die Bearbeitung von Träumen

Ein Traum kann in der Spieltherapie nicht nur nacherzählt, sondern mit den Figuren dargestellt werden. Er gewinnt dabei wieder an Plastizität, an Deutlichkeit und Aktualität.
Das Geschehen im Traum kann in der therapeutischen Situation noch einmal und neu mit anderen Möglichkeiten durchgespielt werden. Dabei wird deutlich, um was es dem Patienten geht. Entscheidender ist aber, dass ein unglücklicher Traumablauf aufgefangen und neu gestaltet werden kann. Insofern geht es nicht um eine bloße Wiederholung des Traumes, sondern um eine Neuinszenierung und um eine Neugestaltung. Die Therapeutin kann dabei, wenn nötig, hilfreich einspringen. Zugleich bedeutet dieses Vorgehen, dass keine spekulativen Traumdeutungen nötig sind, um das Geschehen einzuordnen oder scheinbar verständlich zu machen. Das Kind soll den Traum auf der szenischen Ebene noch einmal durchspielen. Es bleibt in diesem Moment in der Rolle des Träumers, jetzt allerdings mit den zugehörigen Möglichkeiten des Wachbewusstseins. Zugleich übernimmt das Kind die Rolle der übrigen Traumgestalten, dort, wo dies möglich ist. Die Therapeutin bleibt Moderatorin, um das Geschehen im Fluss zu halten. Sie versucht die Szene zu verstehen, klärt, strukturiert oder springt ein, je nachdem, wie die Therapie dies verlangt. Auch hier ist klar, dass die Bearbeitung eines Traumes innerhalb eines Gesamtprozesses steht und dass von diesem Prozess her die konkrete Situation der Szene bzw. deren Behandlung beeinflusst wird. Das Kind seinerseits setzt sich mit dem Traumgeschehen auseinander und versucht, wo nötig, neue Strategien einzuüben. Dies ist besonders dann sinnvoll, wenn im Traumgeschehen konstruktive Lösungen fehlten. Der Prozess kann folgendermaßen zusammengefasst werden:

1. Was hat das Kind geträumt? Was waren die Trauminhalte und wie hat das Kind darauf reagiert?

2. Das Kind stellt die Szene nach und spielt den Traum im Ablauf

noch einmal durch. Dabei kann nach weiteren Details, nach der Stimmung, der Wirkung und der Reaktion der verschiedenen Figuren gefragt werden. Für in einem Spielset fehlende Figuren können symbolisch andere, ähnliche Figuren stehen.

3. Der Therapeut kann, aber muss nicht direkt mittels einer Traumfigur mitspielen. Das hängt davon ab, ob und wie das Kind mit dem Traum fertig wird. In einem ersten Schritt wird der Therapeut deshalb neben dem Miterleben des Traumes eine Metaposition einnehmen. Das heißt, er »deutet« das Geschehen für sich und entscheidet auf dieser Basis über mögliche Interventionen.

4. Interventionen des Therapeuten geschehen nicht auf einer psychologischen Metaebene, sondern er macht Vorschläge auf der szenischen spielerischen Ebene, wenn dies nötig ist. Diese Interventionen folgen den gleichen Grundprinzipien wie in der szenischen Spieltherapie. Das heißt, es geht darum, einen therapeutischen, strukturbildenden Prozess zu unterstützen und Widerstände zu überwinden.

Ein vierzehnjähriges Mädchen, das die Scheidung der Eltern schlecht verarbeitet hatte und zeitweise unter Angstzuständen litt, träumte Folgendes:
»Ich bin in einem Wald. Plötzlich sehe ich einen Mann, der mich verfolgt. Ich will wegrennen, komme aber nicht vom Fleck und bleibe wie angewurzelt stehen. Er schaut mich mit Augen wie die eines Chinesen an. Ich habe Angst und zittere am ganzen Körper.«
Der Traum wurde erst nur bruchstückhaft erinnert. Anfangs war nur die Erinnerung da, dass das Mädchen von einem Mann verfolgt wurde. Dieser Traum trat in letzter Zeit immer wieder auf. Die Träumerin erwachte hie und da nachts wegen dieses Traumes. Die Angst belastete sie dann stark, so dass sie die Decke über den Kopf zog und am liebsten zur Mutter gegangen wäre. Obwohl die Mutter ihr dies angeboten hatte, traute sich das Mädchen nicht zu ihr zu gehen, weil sie sich dafür schämte.
Ich schlug dem Mädchen vor, diese Szene mit den entsprechenden

Figuren nachzustellen. Die Patientin war dazu sehr motiviert. Während des Aufstellens wurden weitere Einzelheiten des Traumes bewusst, die vorher vergessen waren. Weil das Mädchen im Alltag oft an den Traum denken musste und dadurch belastet wurde, war sie schnell dabei, diese Szene noch einmal aufzubauen. Sie konnte sich nicht erklären, warum dieser Traum immer wieder kam, da sie in Wirklichkeit nie eine vergleichbare Situation erlebt hatte. Komisch sei nur, dass dieser Traum nie auftrete, wenn sie beim Vater zu Besuch sei. An weiteren Details wusste sie nun, dass der Wald sich wie ein Kreis um sie schloss, so dass sie sich wie gefangen vorkam. Neben dem Mann tauchte noch ein Igel auf. Sie hoffte, dass der Mann hinfallen und sich am Igel verletzen würde. Ein Hase schaute hinter einem Baum zu. Ebenfalls war noch ein Fuchs in der Nähe.

Das Mädchen wollte nun den Traum weiterführen. Die Intervention zu Beginn bestand darin, dass die Patientin versuchen sollte, sich erst einmal zu beruhigen. Sie konnte hinter dem Baum Schutz

suchen und dann dem Mann sagen, was sie ihm gegenüber empfinde. Sie solle ihn fragen, was er von ihr wolle. Das Mädchen nahm diesen Vorschlag auf und erklärte dem Mann, dass es Angst vor ihm habe. Es ergab sich ein Dialog. Der Mann antwortete, dass er das Mädchen nur kennen lernen wolle. Er schmunzelte jetzt sogar. Mädchen: »Ich bin nicht sicher, ob ich ihm glauben kann.« Der Mann kommt näher. Der Therapeut weist darauf hin, dass der Patientin vielleicht die Tiere helfen könnten, falls dies nötig sein sollte. Dankbar holte sie den Fuchs und den Hasen in ihre Nähe. Den Igel beließ sie allerdings lieber beim Mann. Das Mädchen drückte dem Mann gegenüber nochmals seine Angst aus. Er solle lieber nicht mehr herkommen. Der Mann antwortete durch den Mund des Mädchens, dass es keine Angst zu haben brauche. Nach wie vor traute ihm die Patientin aber nicht und phantasierte, dass ihre Mutter auftauchen und ihr zusätzlich Schutz gewähren würde. Sie stellte die Mutter in die Szene. Plötzlich verschwindet der Mann, Mädchen und Mutter sehen ihn nicht mehr. Die Intervention bestand im Vorschlag, nach ihm zu rufen und zu fragen, wohin er gehe. Der Mann taucht wieder auf. Die Mutter wollte ihn erst eine Weile beobachten. »Ich schaue der Mutter zu, was sie jetzt macht – sie geht auf den Mann zu. Ich schließe mich an, bleibe aber eng bei der Mutter. Wir fragen, wer er sei. Auch die Tiere sagen mir, dass ich keine Angst mehr haben müsse. Der Mann erklärt nun, dass er ein Bauer sei. Die Tiere wiederholen nochmals, dass ich in diesem Falle keine Angst zu haben brauche. Trotzdem sagen wir dem Mann, er solle mich lieber in Ruhe lassen. Ich weiß nicht, ob er wirklich ungefährlich ist. Plötzlich verschwindet der Mann wieder. Ich rufe ihm nach, dass er mir keine Angst mehr machen solle. Der Mann taucht wieder auf. Er kommt jetzt zu mir und streicht mir über die Haare. Wir werden Freunde. Er erzählt mir, dass er ein einsamer Mann sei, der eine Tochter verloren habe, nicht weil sie krank gewesen wäre, sondern aufgrund eines Autounfalls. Er will mir zeigen, wo das war.«
Im Gegensatz zum Traumgeschehen wird hier ansatzweise eine Auseinandersetzung zwischen Kind und Traum-Mann möglich. Die therapeutische Grundidee besteht darin, dass die szenische Ebene zum Medium wird, wo diese Auseinandersetzung geführt

wird. Dafür sind Anstöße und eine gewisse Unterstützung nötig. Ein Grundprinzip liegt darin, dass Affekte des Patienten zur Darstellung kommen. Der Klient soll sie deutlich spüren und gegenüber der Traumfigur ausdrücken. In unserem Beispiel ist es darum wichtig, dass das Mädchen dem Mann sagt, es habe Angst vor ihm. Aufgrund dieser Angst schwankt die Beziehung zu dem Mann zwischen Nähe und Distanz. Es gibt bei jedem Klienten auch ein Schutzbedürfnis vor unangenehmer Erfahrung, die, wie in diesem Beispiel, dazu führen kann, dass eine Figur verschwindet. Dies ist ein eleganter Weg für die Klientin, einer unangenehmen Erfahrung, der sie sich noch nicht gewachsen sieht, aus dem Weg zu gehen. Manchmal sollte der Therapeut dies akzeptieren, wenn der Klient noch zu ich-schwach ist, um eine Auseinandersetzung aushalten zu können. In diesem Beispiel gelingt es, den Mann durch Rufen zurückzuholen und ihm noch mal zu sagen, was für unangenehme Gefühle er auslöst. Anschließend bestätigt sich eine alte therapeutische Erfahrung, dass »böse« Figuren nicht böse bleiben, wenn sich der Klient überwindet, eine Beziehung zu ihnen aufzubauen. Vielmehr ist es so, dass böse Figuren vielfach ein Problem haben und darum böse geworden sind. Es geht darum, dass der Klient der bösen Figur Hilfe anbietet, um deren Problem zu lösen. Das mag im ersten Moment paradox wirken. Durch die Erfahrung, dass sich die bösen Figuren wandeln, kann dieser Schritt aber gemacht und akzeptiert werden. Darüber hinaus stellt sich beim Kind sogar ein Gefühl von Stolz oder Erleichterung ein, bei einem Gegner etwas bewirkt zu haben. In unserem Beispiel bietet der Mann von sich aus an, Freundschaft zu schließen. So wie unser Mädchen durch die Scheidung quasi seinen Vater ein Stück weit verloren hat, drückt sich dieser Sachverhalt wie reziprok über die erscheinende Figur des Mannes im Spiel aus. Jetzt sagt aber der Mann, dass er eine Tochter verloren habe. Beide Male geht es um dasselbe, nämlich darum, dass sich ein Tochter-Vater-Verhältnis in eine unglückliche Richtung entwickelt hat und dass man damit einsam wird. Im Gegensatz zum Traum, und das ist hier entscheidend, ist der zurückbleibende Affekt nach einer Sequenz von Erlebnissen ein völlig anderer als derjenige im

Traum. Dort war es ein Zittern aus Angst, hier streicht der Mann dem Mädchen übers Haar, was angenehm empfunden wird.
Dass angsterregende Figuren im Traum auftreten, ist nicht zufällig. Sie haben eine Funktion, nämlich zu zeigen, dass der Patient im Umgang mit ihnen nicht frei ist. Die Botschaft des Traumes heißt demnach, dass beim Sich-einlassen auf den angsterregenden Traum eine Integrationsarbeit dieser problembesetzten Figuren gesucht werden soll und dass damit ein unausgeschöpftes Potential erschlossen wird. Allerdings kann ein Kind nach einem Angsttraum diese Arbeit nicht alleine leisten, sondern es braucht dazu die Unterstützung der Therapeutin. Die Therapeutin übernimmt eine gewisse Schutzfunktion für das Kind. Sie muss so groß sein, dass das Kind im weiteren Prozess der Dinge, die seiner harren, gewachsen sein wird. Die Therapeutin stellt sich damit auf die Seite des Kindes und das Kind erfährt dies über die Interventionen des Therapeuten. Das zentrale Moment ist die Angst des Kindes. Wenn diese Angst der entsprechenden Figur gegenüber ausgedrückt wird, ist damit ein erster Schritt von der Opferrolle in die aktivere Rolle des Reagierens vollzogen. Die Angstfigur kann nun ihrerseits wieder auf das Kind wirken und ihm etwas sagen. Damit beginnt die Kommunikation zwischen Kind und Figur. Im Idealfall übernimmt dabei das Kind die Rolle der angstmachenden Figur. Der Therapeut bleibt in der Rolle des Moderators, der nur dann eingreift, wenn das Rollenspiel ohne ihn nicht weiterlaufen würde. Die Therapeutin unterstützt diesen Prozess mit Vorschlägen, Verstärkungen, Ideen und Spiegelungen für das Kind, wenn dies nötig ist. Damit entsteht eine Pendelbewegung. Einerseits fühlt sich das Kind unterstützt und traut sich eine Auseinandersetzung zu, andererseits will die Angst oder Abwehr diesen Prozess stoppen. Der therapeutische Prozess rechnet deshalb mit einem Hin und Her zwischen den beiden Polen und folgt ihm. Es wäre eine künstliche und unglaubwürdige Lösung, wenn das Kind mit einer einmaligen Kontaktaufnahme die Angstüberwindung schaffen würde. Wird eine Kontaktaufnahme gewagt und spürt die angstauslösende Figur, dass ein echtes Bemühen um ihre Person da ist, kippt die Situation und der Klient gewinnt eine neue Erfahrung. Der nächste Schritt ist ein Durcharbeitungsprozess, in

welchem analoge Erfahrungen immer wieder eingeübt werden, bis sie zu Elementen einer neuen inneren Struktur werden.

Die Weiterführung eines Traumes

Der soeben beschriebene Traum sprach ein wichtiges Thema des Mädchens an. Die Brisanz des Geschehens ließ erahnen, dass eine einmalige Darstellung des Traumes das angesprochene Verhältnis zum Traum-Mann nicht völlig geklärt hat. Aus diesem Grunde schien es ratsam, in einer folgenden Stunde vorzuschlagen, die Traumszene weiterzuentwickeln.

Allgemein gesagt, ist eine Weiterführung eines Traumes sinnvoll, wenn im Rahmen des therapeutischen Gesamtprozesses das Thema des Traumes für den Patienten von Bedeutung ist. Möglicherweise ist ein Thema so wichtig, dass es auf der Hand liegt, schon beim Abschluss der Traumdarstellung darauf hinzuweisen und in der nächsten Stunde daran weiterzuarbeiten. Ebenso ist denkbar, dass in der nächsten Stunde analoge Themen im Vordergrund stehen, so dass eine Anknüpfung an den früher geschilderten Traum nahe liegt.

Im gegebenen Fall stellte das Mädchen die Traumfiguren wieder in Szene und phantasierte, wie die Geschichte weitergehen würde. Als Startfiguren dienten der Mann, das Kind (Patientin) und seine Mutter. Zusätzlich reicherte das Mädchen die Szene mit einem Bauernhof, Kühen, einem Weiher, Enten und einem Hund an.

»Ich rede mit dem Mann noch einmal. Er ist immer noch freundlich und lädt mich zu Kaffee und Kuchen zu sich auf den Bauernhof ein. Wir reden über das Leben. Der Mann sagt, dass er noch eine kleine Tochter und einen Sohn habe. Von der verunfallten Tochter zeigt er mir ein Foto, so dass ich mir ein Bild machen kann, wie sie ausgesehen hat. Der Mann erzählt, dass sie ein schönes Leben gehabt habe. Ich frage den Mann, wie es zu diesem Unfall gekommen sei. Das Mädchen sei damals zu einer Bekannten gegangen, um Eier zu holen. Dann sei sie von diesem Besuch nicht zurückgekehrt. Der Bauer suchte sie und fand sie auf der Straße liegend, offenbar nach einem Unfall. Der Bauer brachte das Mädchen ins Krankenhaus. Die Überlebenschance betrug aber nur noch 50 Prozent und bald darauf starb das Mädchen. Für den Bauer war das ein harter Schlag. Wenn ich das jetzt höre, ist das

auch für mich so. Ich dachte nicht, dass das alles so schlimm ist. Ich bin froh, dass ich den Bauer jetzt begreife. Der Bauer ist auch froh, dass er mir das sagen konnte, er ist mir dankbar.«
Danach stellte die Patientin die Figuren zu einem Schlussbild auf, welches wir fotografierten.

Im therapeutischen Prozess geht es darum, dass der Phantasie Raum gegeben wird. Das vielfältige Bezogensein des Mädchens auf seine Welt wird konkret thematisiert und weiterentwickelt. In diesem Beispiel machte dies das Mädchen weitgehend selbst von sich aus und der Therapeut mußte nur zweimal kurz unterstützend eingreifen, um den Prozess in Gang zu halten. Der Kernpunkt des Geschehens lässt sich mit der dreifachen Frage erfassen:

1. Was will sich dem Mädchen von den Figuren her neu zeigen, was erfährt es dabei?

2. Was löst das an »Affekten« bei ihr aus? Wie wirkt das Ganze auf sie?

3. Wie reagiert sie nun ihrerseits auf das Geschehen? Was macht sie mit dieser Situation?

So bezog sich hier die eine Intervention auf die Frage, wie der Bauer sein Kind verloren habe. Der zweite Vorschlag war, die Aufmerksamkeit darauf zu richten, um zu spüren, wie die nun erfahrene Geschichte auf die Patientin wirkte. Es war ein »Schlag«.
Die vorgestellte Geschichte thematisiert zweierlei: es geht um das Verhältnis eines Mädchens zu seinem Vater. Hier wird das Verhältnis aber nur noch im Modus der verlorenen Beziehung erfahren. Obwohl das Verhältnis thematisiert wird, ist es nach dem Tod des Mädchens nicht mehr möglich, in direktem Bezug zu seinem Vater zu stehen. Zum Zweiten erfahren wir, wie unerwartet und »von einem Schlag getroffen« dieser Beziehungsbruch erfahren wird. Damit ist schon angedeutet, um was es in einem weiteren Schritt gehen müsste, nämlich diesen Bruch zu verarbeiten. Auf der Spielebene könnte überlegt werden, ob der Tod ein endgültiges Ende darstelle oder ob der Tod bloß als gravierende Verletzung symbolisiert war, so dass die Patientin zum Mädchen wieder Kontakt finden könnte. In diesem Fall war da nichts mehr zu machen. Auf einer anderen Ebene kann argumentiert werden, dass ein Mädchen zwar gestorben ist, die Patientin aber weiterhin auf der Spielebene als Mädchen agiert, und dass von daher ihr eigener Bezug zu dem Bauer noch möglich ist. Gerade weil das andere Mädchen tot ist, geht es darum, dass die Patientin via eigene Spielfigur zum Bauer eine Beziehung aufbaut, was hier auch gelingt.
Es macht Sinn zu glauben, dass der dargestellte Bruch zwischen Tochter und Vater etwas mit der eigenen Geschichte der Patientin zu tun hat und, wenn man will, jetzt in übertragener Form auf die Spielebene projiziert wurde. Obwohl die Patientin im realen Leben die Scheidung der Eltern erlebt hat und ein problematisches Verhältnis zum Vater zurückblieb, glaube ich nicht, dass es hilfreich wäre, dem Mädchen die Spielszene in diesem Sinne zu deuten. Auch ist klar, dass der Bruch zum Vater in der Realität nicht

ungeschehen gemacht werden kann. Vielmehr geht es um das weitere Verhältnis und die Art der Beziehung zwischen Vater und Tochter. So scheint es wichtiger, dass die Patientin auf der Spielebene eine Beziehung zum Bauer aufbaut. Das macht zwar den Tod des Mädchens nicht ungeschehen, auf der symbolischen Ebene des Spiels lässt dies aber Vertrauen wachsen, dass via Spielfiguren eine neue und andere Beziehung zum Vater aufgebaut werden kann. Damit wird an einem neuen, internalisierten Vaterbild gearbeitet, verbunden mit einer neuen Affektstruktur. Das Gefühl »vom Schlag getroffen zu werden« wird abgelöst durch eine hoffentlich angenehmere Stimmung, die mit dem Tochter-Vater-Verhältnis gekoppelt ist. Wie der reale Vater von der Tochter dann in Wirklichkeit erfahren wird, wie dieser seinerseits real sein Verhältnis zur Tochter gestaltet, ist dann nochmals eine andere Frage und kann im Rahmen der Elternarbeit mit ihm besprochen werden. Seine Bemühungen fallen beim Mädchen dann aber auf eine andere affektive Basis. Schließlich bedeutet die dargestellte Problematik auch, dass damit die reale therapeutische Beziehung zwischen Mädchen und Therapeut angesprochen wird. Im Wahrnehmen des Bruches zwischen Tochter und Vater stellt sich auch immer die Frage, inwieweit die Patientin unter dem Einfluss ihrer Geschichte die Beziehung zum Therapeuten unter dem Gesichtspunkt eines möglichen Bruches wahrnimmt oder sie ungewollt in diese Richtung inszeniert. Gerade das Aufnehmen der von der Patientin vorgegebenen Thematik verhindert wohl am besten eine Neuinszenierung der Problematik auf der Beziehungsebene.

Die Darstellung einer eigenen Märchengeschichte

Neben der Darstellung eines Einzelbildes analog dem Sceno-Test, der Darstellung eines Traumes oder einer Familiensituation ist es nahe liegend, eine laufende Serie im Sinne einer Geschichte zu entwickeln. Die Grundidee ist, eine Art Märchen darzustellen. Einerseits ist mit dem Märchenmotiv ein freier Phantasiebereich angesprochen, wo alle inneren Bilder ausgedrückt werden sollen. Zugleich entspricht das Märchen der magischen Stufe der kindlichen Welt, wo rationale Gedanken die inneren Bilder noch nicht kontrollieren. Vorausgesetzt ist dabei, dass innere Bilder einen klaren Bezug zur psychischen Struktur der Kinder haben. Wenn die Bilder bearbeitet werden, wird die innere Struktur bearbeitet. Gleichzeitig ist davon auszugehen, dass das reale Leben der Kinder, ihre Geschichte, ihre Entwicklung und ihr Bezug zu den Eltern und anderen Menschen ihre »inneren Bilder« konstituieren. »Inneres Bild« ist dabei eine Abkürzung für die eigene Verfassung, die eigene Stimmung, die Phantasien und die internalisierten Objekterfahrungen. All dies soll auf eine spontane, spielerische und rational nicht reflektierte Art und Weise vom Kind dargestellt werden.

Die Affekte, die Phantasien, Wünsche und Vorstellungen suchen sich Ausdrucksmöglichkeiten in dem zur Verfügung stehenden Spielset. Damit wird klar, dass ein Set in seiner Auswahlmöglichkeit zwar eine Grenze setzt, die Phantasie sich aber über verschiedene Figuren darstellen kann und sich Symbolisierungsprozessen entsprechend variabel ausdrückt. Dieser innere Ausdruck soll mittels Spielfiguren in einen länger dauernden Prozess eingeleitet werden. Es entsteht eine Art Fortsetzungsroman, in jeder Stunde wird das Märchen ein Stück weitergeführt. Die Erfahrung zeigt, dass dabei die relevanten Strukturen berührt werden und dass es um die Bearbeitung dieser Strukturen geht.

Das Grundprinzip des therapeutischen Vorgehens ist: das Kind wird bei einer analytischen Haltung unbewusst eine Geschichte wählen, die seine Grundstruktur zum Ausdruck bringt. Dieser rote Faden soll verfolgt werden. Die Selbstheilungskräfte des Kindes werden ihm diejenigen Spielsituationen »zuschicken«, die es für seine Entwicklung braucht. Gegen diesen Prozess in Richtung Individuation arbeitet die nicht darauf vorbereitete bisherige Struktur des Kindes, zusammen mit möglichen Abwehrmechanismen. Meistert das Kind von selber die auftauchenden Klippen in diesem Prozess, greift die Therapeutin nicht ein. Geht das Kind jedoch an wichtigen »Stromschnellen« in diesem Prozess vorbei oder kann die Situation nicht bewältigen, dann greift die Therapeutin ein. Der Prozess wird auf der szenischen Ebene vorangetrieben, so dass sich Interventionen auf diese Ebene beziehen. Metapsychologische und Symboldeutungen im herkömmlichen Sinn werden dabei überflüssig.

Dabei vermittelt die Therapeutin dem Kind, dass seine Phantasien ernst genommen werden, dass er auf die dargestellte Situation eingeht und diese in einen weiterführenden Prozess einbindet. Das gilt nicht nur für den Patienten selber, sondern auch für die von ihm gewählten Figuren. Sagt etwa ein Tier, dass es Angst habe oder alleine sei, so wird die Therapeutin dies als Problem aufnehmen, das einer Lösung harrt. Sie kann vorschlagen, das Kind solle mittels seines gewählten Identifikationstieres etwas dagegen tun und das Partnertier vermehrt in eine Interaktion einbinden. Der Patient erlebt dabei, dass Probleme aufgenommen und etwas gegen sie unternommen wird. Mit anderen Worten wird ein Vertrauensverhältnis zwischen Patient und Therapeut aufgebaut. Zusätzlich ergibt sich für das Kind eine Aufgabe, wenn es sich um andere Figuren kümmern soll. Neben einem sinnstiftenden Moment wird dabei das Gefühl der Kompetenz und des Stolzes aufgrund eines geglückten Ausgangs einer Situation aufgebaut. Gleichzeitig ist es wichtig, dass das Kind dieses Erfolgserlebnis aufgrund einer eigenen Handlung erreicht und dass es nicht beim bloßen Reflektieren eines Problems bleibt.

Wie kann sich eine Geschichte entwickeln? Manchmal passiert dies spontan, manchmal muss unterstützend eingegriffen werden. Auf die Moderationsmöglichkeiten soll zuerst eingegangen werden.

Die Moderation des Verlaufs einer Geschichte

Wenn ein Kind eine Geschichte entwickelt – sei dies ein Märchen oder aus einem aufgestellten Bild heraus –, gibt es zwei mögliche Extrempole bezüglich des weiteren Verlaufs. Im Idealfall entwickelt das Kind so viel Phantasie und Autonomie, dass es eigenständig den Verlauf einer Geschichte erzählt und diese anhand der Figuren darstellt. Das Geschehen bleibt dann im Fluss und der Therapeut muss um den Fortlauf nicht besorgt sein. Das andere Extrem besteht darin, dass das Kind die Geschichte anfängt und es schnell zu Stockungen oder Blockierungen kommt. Ohne Zutun des Therapeuten würde die Geschichte versiegen und das Kind wüsste nicht mehr, was es tun sollte. Zwischen diesen Polen gibt es viele Variationen und Möglichkeiten von Fluss und Blokkierung. Ziel bleibt nach wie vor die Entwicklung eines spielerischen Ablaufs und somit stellt sich für den Therapeuten die Frage, wie er das Geschehen in Fluss halten kann. Nach einem alten Prinzip der Psychotherapie soll das Geschehen nicht vom Therapeuten gesteuert, manipuliert oder suggestiv beeinflusst werden. Ebenso unterscheidet sich das therapeutische Spiel von einem alltäglichen gewöhnlichen Kinderspiel. Dort wird zum Beispiel ein Erwachsener mit eigenen Vorschlägen oder Handlungen in ein Spielgeschehen eingreifen. Die Kunst besteht darin, Impulse zu setzen, die das Geschehen nicht in eine vom Therapeuten intendierte Richtung lenken, sondern die Ausdrucksmöglichkeiten des Kindes unterstützen. Interveniert wird so wenig wie möglich und so viel wie nötig. Zeitlich wird dann interveniert, wenn die Geschichte vom Kind nicht alleine weitergeführt würde. Schwieriger ist das »Wie« der Intervention zu lösen.

Gute Ideen dazu hat G. Schmeer (1994) in ihrem Buch über psychoanalytisch-systemische Kunsttherapie dargestellt. Die Autorin arbeitet mit dialogischen Bild-Geschichten, deren Technik an unser Problem adaptiert werden kann. Bei den gemalten Bildern macht die Therapeutin den Anfang »Es war einmal …«. Sie beginnt damit, dass sie ein neutrales, nicht komplex besetztes, »nichtssagendes« Bilddetail auswählt. Dies wird gleichsam »naiv« wahrgenommen. Mit anderen Worten, die Therapeutin etabliert ein wahrnehmendes Hilfs-Ich. Dieses Hilfs-Ich beginnt im Sinne des Gestalt-Dialogs (Perls) die rätselhaften, affektbesetzten, symbolisch verschlüsselten Bildelemente behutsam und »harmlos« zu befragen: Wer bist du? Was machst du? Was willst du? Der Patient als Sprecher dieser brisanteren Bild-Elemente hat nun die Freiheit, so viel oder so wenig wie er will an diesen Dialog anzuknüpfen. Er kann in die Bildelemente eintauchen und spüren, dass diese mit den verschiedensten Gefühlen besetzt sind. Dabei wird es möglich, diese Ich-Elemente in den Fluss einer Geschichte aufzunehmen und gemeinsam mit dem Therapeuten dem »Drama« einer Handlung zuzuführen. Dies bedeutet schließlich ein integrierendes handelndes Ich.

Der Therapeut achtet darauf, dass er seine Position im Sinne des »Anfängergeistes«, das heißt, ohne spezielle Erwartung, ohne Effektstreben und Nebenabsichten und ohne Druck vertritt. Der Therapeut stellt aus seiner Rahmenposition heraus weiterhin »harmlose« Fragen, die den Patienten zum Erzählen anregen. Äußerungen des Patienten, die therapeutisch hilfreich sind, werden durch Wiederholung oder nonverbale Zustimmung zurückgespiegelt.

Stagniert die Geschichte oder bleibt sie in den typischen Skripts des Patienten stecken, kann der Therapeut durch Einführung eines Überraschungsmomentes erstarrte Denkklischees unterlaufen. Die Formulierung »Auf einmal geschah etwas Unerwartetes ...« beinhaltet einen Vorschlag zur Entwicklung. Was dann geschieht, bleibt nach Möglichkeit der Phantasie des Patienten überlassen. Solche Einfälle des Therapeuten wirken durch ihre Harmlosigkeit belebend auf den Fortgang der Geschichte und eröffnen durch ihre Einfachheit unerwartete und entlastende Perspektiven. Schließlich bedeutet dies für den Patienten eine Energieverschiebung.

Reagiert der Patient auf die Entwicklungsvorschläge mit Widerständen, sollten diese natürlich bearbeitet werden. Dabei kann beispielsweise vom Therapeuten die Position des Widerstandes übernommen werden nach dem Prinzip der paradoxen Intervention.

Während des ganzen Geschehens kann sich die Geschichte ausschließlich auf der Symbolebene bewegen, sie kann abwechslungsweise auf der Realebene ebenso spontan auftretende Gefühlsäußerungen des Patienten miteinbeziehen. Zum dritten ist es möglich, dass das Geschehen sich ausschließlich auf der Realebene bewegt im Sinne von Probehandeln. Dabei wäre ein Element oder eine Figur als das aufgefasst, was sie ist ohne eine symbolische Bedeutung.

Eine wichtige Ergänzung zu diesen Gedanken sind die Ausführungen zur Arbeitstechnik von V. Oaklander (1984). Ebenso wie bei G. Schmeer beziehen sie sich vor allem auf den zeichnerischen und malerischen Ausdruck, können aber auch auf eine szenische Darstellung von Figuren übertragen werden. Die für unser Thema geeigneten Punkte sind im Folgenden stichwortartig zusammengefasst:

1. Darstellung des Prozesses. Das Kind kann die Entstehung seines Bildes kommentieren. Welche Erfahrungen macht es dabei, was geht in ihm vor?
2. Beschreibung des Dargestellten. Das Kind kann über sein Bild sprechen. Was sieht man und was passiert dort?
3. Die Förderung des weiteren Ausdrucks. Das Kind kann unterstützt werden, mehr auf Einzelheiten einzugehen. Seine Selbstentdeckung wird dabei gefördert.
4. Die Beschreibung des Prozesses durch den Patienten in der Form, als sei er selbst das Bild. Dabei wird die Ich-Form verwendet, so dass scheinbar ich-fremdes Geschehen einen Bezug zur eigenen Persönlichkeit erhält.
5. Die Identifikation mit Bildelementen. Bestimmte Elemente des Bildes werden herausgegriffen und das Kind identifiziert sich mit ihnen. Der Therapeut kann näher darauf eingehen, weitere Fragen stellen und das Kind unterstützen.
6. Das Spezifizieren meint, dass der Therapeut ein Teil des Bildes überbetont, um damit die Aufmerksamkeit und das Gewahrsein auf dieses Element zu schärfen.
7. Das In-Beziehung-Setzen von einzelnen Teilen des Bildes kann dadurch gefördert werden, dass das Kind ein Gespräch zwischen zwei Teilen eines Bildes entstehen lässt.
8. Die Fokussierung auf den Körperausdruck während der Bild-

gestaltung. Wie sind Körperhaltung, Stimmlage, Mimik, Atem des Klienten. Entstehen Pausen oder längeres Schweigen?

9. Der Übergang zur Realität und das »Zu-eigen«-Machen. Kann man vom Bild auf die reale Lebenssituation schließen? Gibt es ungelöste Probleme, die im Bild ihren Ausdruck finden?
10. Das Herantasten des Therapeuten vom »Leichten« zum »Schweren«. Es ist sinnvoll, zuerst das Angenehme zu betonen, dann das Unangenehme anzusprechen.
11. Gibt es Hinweise auf Lücken im Geschehen? Fehlen Teile oder gibt es leere Flächen. Was passiert, wenn die Aufmerksamkeit darauf gerichtet wird?
12. Das Verhältnis von Vordergründigem und Hintergründigem. Man kann auf das eingehen, was offensichtlich ist, sei es für den Therapeuten oder für das Kind. Gleichzeitig gibt dies einen Hinweis auf das jeweils Gegenteilige. Man spricht so die Polarität jedes Geschehens an.

Obwohl sich sowohl bei Oaklander als auch bei Schmeer diese Vorschläge zur Arbeitstechnik vorwiegend auf den bildnerischen Ausdruck beziehen, lässt sich das Vorgehen sehr gut auf den szenischen Ausdruck im Figurenspiel übertragen. Die Prinzipien bleiben die gleichen.

Der Therapeut und das Kind bleiben miteinander im Kontakt und sie beschäftigen sich beide mit dem szenischen Ausdruck, den das Kind spontan und ohne große rationale Kontrolle von sich gibt. Das szenisch Dargestellte wird in seiner Struktur und seiner Bedeutung vertieft. Das Kind erhält durch diese gemeinsame Konzentration auf das szenische Bild einen vertieften Bezug dazu. Der Klient merkt, dass jedes Detail seines Ausdrucks wichtig ist, dass er ernst genommen und angenommen wird. Der Therapeut stellt dazu viele Fragen, das Ganze wird aber nicht bewertet oder in Frage gestellt. Wenn Freud davon sprach, dass eine Analyse wie eine Bahnfahrt sei, wo das Geschehen quasi durch das Fenster des Zuges aufscheint, so ist das Figurenspiel wie eine Reise entlang einem roten Faden, den das Kind führt. Der Therapeut schaut die Szene absichtslos und mit frei schwebender Aufmerksamkeit an und teilt mit seinem Dasein diese Welt des Kindes. Die dargestellten Punkte sind Hilfen, um den Fluss des Geschehens in Gang zu halten. Wenn ein Prozess der Darstellung und Verarbeitung abläuft, müssen auch nicht alle Punkte angesprochen werden. Die Interventionen bezüglich dieser Moderation für das Spielgeschehen orientieren sich an der Autonomie resp. Bedürftigkeit oder am Entwicklungsstand des Kindes. Der Therapeut ist wie ein Regisseur, der dafür sorgt, dass die Spieler – hier die Figuren – nicht aus der Rolle fallen. Wie der Therapeut konkret eingreift, hängt von der einzelnen Situation ab. Es mag Kinder geben, die sich mit einer Figur im Spiel identifizieren und nur diese Figur spielen. Es kann sein, dass das Kind den Therapeuten auffordert, eine andere Figur zu spielen. Dieser Vorschlag kann angenommen werden. Eventuell muss der Therapeut auch ein Stück weit von sich aus die Rolle weiterspielen. Das Ziel einer analytischen Arbeit ist es jedoch, die Rolle an das Kind zurückzugeben. Der Therapeut kann das Kind fragen, wie seine Figur jetzt wohl reagieren würde oder was diese Figur vorhat. Im anderen Fall wird das Kind von sich aus die Rolle von verschiedenen Figuren einnehmen und der Therapeut kann sich vermehrt zurückziehen. Es ist klar, dass bei kleineren oder passiveren Kindern der Therapeut direktiver sein und eventuell sogar zeitweise eine gewisse Führung übernehmen muss. Wenig halte ich von der Meinung, der Therapeut müsse sich aus Prinzip ganz zurückhalten, er dürfe keine Impulse geben und es müsse alles vom Kind kommen, auch, wenn man lange darauf warten muss.

Zentral beim ganzen Geschehen ist die Beziehungsaufnahme der einzelnen Figuren untereinander. Dabei können vielfache Probleme auftauchen, die im einzelnen noch zu beachten sind. So oder so bleibt es ein Grundsatz, dass der Therapeut aus einer Position der »Nebensächlichkeit« heraus Impulse setzen kann, die nicht manipulativ sind und wo man sich einem Geschehen annähern kann.

Wenn vorhin gesagt wurde, dass der Therapeut dafür sorgt, den Fluss der Spielhandlung zu unterstützen, so kann die Art der Intervention noch präzisiert werden. Obwohl prinzipiell die Handlung nicht gesteuert werden soll, stehen die Interventionen bei den entscheidenden Punkten im Dienste einer Strukturbildung.

Das heißt, dass es prinzipiell immer um eine Beziehungsaufnahme unter den Figuren geht. Zweitens geht es zusätzlich darum, bei Interventionen das vorgegebene Thema aufzunehmen und dem offenen oder verdeckten Anspruch der dargestellten Szene zu entsprechen.

Ein Beispiel aus einer Therapiestunde soll die »Moderation« des Therapeuten veranschaulichen.

Ein zwölfjähriges Mädchen entwickelte eine Geschichte, die zwischendurch immer wieder ins Stocken geriert. Der spontane Fluss war gehemmt und obwohl wichtige Themen angesprochen waren, schien es dem Mädchen leichter, im Gespräch über die vergangene Woche zu erzählen oder ein unverbindliches Gesellschaftsspiel zu machen. Obwohl dies auch wichtige Elemente einer Therapie sein könnten, wurde doch deutlich, dass im Figurenspiel zentralere Themen des Mädchens thematisiert worden waren.

In der Geschichte suchte ein Mädchen den König in seinem Schloss auf. Der König hatte Besuch. Die Prinzessin, ein Bauer, zwei Frauen und ein Mann waren bei ihm zum Frühstück.

»Sie essen Brot und trinken Kaffee. Dann räumen sie ab und wollen vom Tisch.« (Pause) (Therapeut: Wer wärest du am liebsten?) »Die Prinzessin.« (Pause) (Was würde jetzt passieren?) »Die Prinzessin hilft abräumen. Sie würde mit dem Mann weggehen. Sie sind verheiratet.« (Pause) (Wohin würden sie gehen?) »Sie gehen zum Fuchs. Der Fuchs ist Würste klauen gegangen. Der Mann sagt ihm, das sei nicht so schlimm.« (Pause) (Wie kommt es, dass der Fuchs klaute, hatte er Hunger?) »Der Fuchs sagt ja.« (Wie kommt das?) »Der Fuchs findet zuwenig Nahrung, weil es Winter ist.« (Pause) (Was kann man da machen?) »Der Mann will dem König den Fuchs vorstellen und ihm sagen, dass er eine Wurst geklaut hat. Er will den König fragen, ob er dem Fuchs eine Wurst gebe. Der König ist verärgert, weil der Fuchs geklaut hat, sagt aber, er bekomme eine Wurst. Der Fuchs isst sie.« (Pause) (Der König überlegt, was er machen kann, dass es dem Fuchs weiterhin gut geht.) »Der König sagt, der Fuchs dürfe in seinen Wald. Dort dürfe er leben und er bekomme jeden Tag Futter. Die Prinzessin würde es ihm bringen. Der Fuchs hat Freude.«

Diese Interventionen wollten einerseits die Thematik aufnehmen, andererseits den stockenden Fluss der Geschichte so weit auflockern, dass das Mädchen ohne direktive Steuerung die Geschichte selber weiterführen konnte. Je nach Situation ist dafür mehr oder weniger Intervention nötig und es ist möglich, dies auf verschiedene Art zu machen. In dieser Sequenz war relativ viel Unterstützung nötig. Die Geschichte nahm einen unerwarteten Verlauf. Nun erzählte das Mädchen, dass sie früher in einer Bande in einem Kaufhaus Waren gestohlen hatten. Dies schien dem Mädchen keine Schuldgefühle zu verursachen. Der Vorfall war eher eine Mutprobe der Kinder und belustigte das Mädchen im Nachhinein. Im Spiel wurde das Thema des Stehlens jedoch unter einem anderen Aspekt nochmals aktuell. Psychologisch wichtig wird auf dieser anderen Ebene das Thema der Schuld bzw. des Ärgers des Königs über das Klauen sowie eine Bedürftigkeit des Fuchses. Er kann offenbar nicht selber jagen und ist darauf angewiesen, dass ihn jemand versorgt. Die Bedürftigkeit von Tieren war auch vor und nach dieser Sequenz ein Thema, so dass Grund zur Annahme bestand, dass es auch um eine affektive Bedürftigkeit des Mädchens ging. Das Mädchen arbeitet an diesem Thema, indem es um den Fuchs besorgt ist. Er soll wieder zu seinem Recht kommen und merken, dass er nach einer Phase von äußerer Abhängigkeit und Bedürfnisbefriedigung wieder eigene Wege findet, als Fuchs zu seiner Nahrung zu kommen.

Abgesehen von diesen spezifisch auf die Spieltherapie bezogenen Interventionsarten haben sich ganz allgemein die Prinzipien der Gesprächspsychotherapie bewährt. R. Tausch (1970) betont die Wichtigkeit der Verbalisierung emotionaler Erlebnisinhalte des Klienten, der emotionalen Wärme und positiver Wertschätzung sowie Echtheit seitens der Therapeuten. Mit einem hohen Ausmaß dieser Grundhaltung erfolgt beim Kind der weitere Ausdruck von wichtigen Gefühlen und Phantasien, die in die Geschichte projiziert werden. Wenn bei Stockungen im Erzählfluss der Therapeut – vielleicht in anderen Worten – noch einmal wiederholt, was das Kind oder ein Tier gerade gemacht oder gedacht hat oder auf dessen Stimmung eingeht, vermag dies in vielen Situationen genügen, damit die Geschichte weitergeführt wird.

Die Geschichte vom Seelöwen

Als Beispiel für die Entwicklung eines eigenen Märchens wähle ich die Geschichte vom Seelöwen. Sie stammt von dem Jungen, den wir im entsprechenden Kapitel bei der Darstellung seiner Familie in Tiergestalten wiederfinden. Hier diente die verwandelte Familie als Einstiegsmotiv. Dieses Einstiegsmotiv bietet sich an, wenn nach einer Abklärung direkt eine Therapie angeschlossen wird. Ebenso ist es aber denkbar, dass eine beliebige andere Szene als Einstiegsmotiv dient.

In der Erststunde räkelt sich im linken Quadranten ein Seelöwe im Wasser. Ein Fisch schwimmt auf ihn zu. Beide genießen die Freiheit im Wasser. Rechts davon lagert eine Leopardenfamilie. Der Seelöwe entwickelt nun das Gefühl, dass er von Menschen gejagt werden könnte, obwohl im Moment noch keine diesbezügliche Gefahr zu sehen ist. Er bittet die Leoparden, ihm zu helfen und ihn bei Bedarf zu beschützen. Die Leoparden sagen zu. Ein Frosch und die Enten kommen zur Szene hinzu und wollen ihm helfen, falls er von anderen geplagt werden sollte. Der Seelöwe

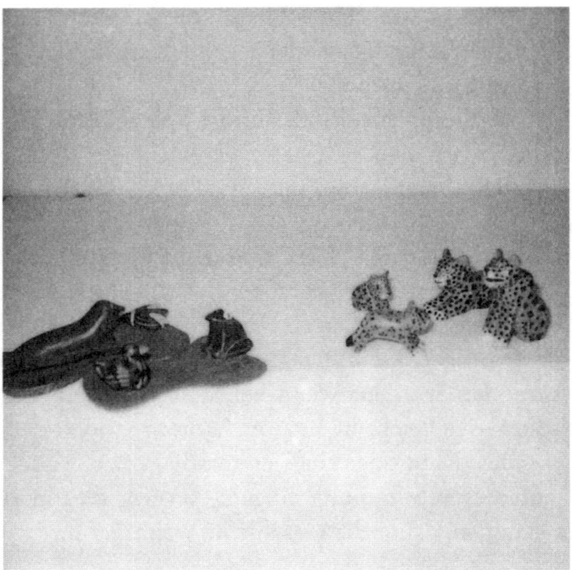

findet so Freunde, die auf ihn aufpassen würden. Er fühlt sich nicht mehr so allein.

Im Grunde genommen stellt der Junge im Spiel damit seine eigene Situation dar. Wie oft versteckt sich hinter einem egozentrischen und aggressiven Verhalten eine andere Seite, nämlich ein unsicherer, verletzter oder bedrohter Teil.

Es ist wichtig, dass der Seelöwe diese verletzte und bedrohte Seite ausdrückt. Der Knabe stellt auf der szenischen Ebene seine eigene Situation indirekt dar. In einem zweiten Schritt ist es naheliegend, dass der Junge für den Seelöwen in dieser Situation eine Lösung findet. Sie besteht darin, andere Tiere um Unterstützung zu bitten, was auch geschieht. Der Patient greift so aktiv ins Geschehen ein, indem er die Affekte der Figuren aufnimmt und eine Lösung des angesprochenen Problems für diese inszeniert. Damit ist eine eigene Anstrengung verbunden, die schließlich dem Patienten selber zugute kommt. Damit kann Vertrauen in den weiteren Ablauf aufgebaut werden, so dass es konstruktiv weitergehen kann. Da sich der Patient selber mit dem Seelöwen identifiziert, sind eigene Ängste angesprochen, ebenso der Wunsch nach Freundschaft und Unterstützung.

Die Art der Intervention hängt von den Reaktionsmöglichkeiten des Patienten ab. Grundsätzlich gilt auch hier das Prinzip: so wenig Intervention wie möglich, so viel wie nötig. Ziel einer Sequenz ist es, den therapeutischen Prozess voranzutreiben. Möglicherweise schafft dies ein Klient von selber. Er würde in diesem Fall das Thema des Bedrohtseins, aber auch den Wunsch, etwas dagegen zu tun, aufnehmen. Dann ist keine Intervention nötig. Tut er dies nicht oder ignoriert der weitere Verlauf die bestehenden Fakten, so würde der Klient über eine wichtige »Stromschnelle« hinweggehen. Ebenso ist dies dann der Fall, wenn etwas Neues in der Geschichte dazukommt, was mit dem Vorangehenden nicht in Zusammenhang steht. Auch wäre denkbar, dass sich ein Patient ganz von der Szene abwendet. Dann ist eine Intervention angebracht. Dieses Verfahren hebt sich insofern davon ab, dass das Kind sich nur frei ausdrücken soll und dass dies von alleine zur Besserung führt. Ich möchte zwar nicht ausschließen, dass dieser Weg bei einer guten Klient-Therapeuten-Beziehung auch zum Erfolg führt. Im Hinblick auf eine tiefergehende psychische Strukturänderung ziehe ich jedoch die aktuelle Problemlösung des Patienten auf der szenischen Ebene unter Einbeziehung vernünftiger Anregungen seitens des Therapeuten vor.

In der zweiten Stunde repetierten wir den Ablauf der ersten Sitzung und hielten fest, dass der Seelöwe gejagt wurde und die anderen Tiere ihm helfen sollten. Der Junge führte die Geschichte ein Stück weiter: plötzlich tauchen Menschen auf, die den Seelöwen fangen wollen. Die Leoparden wollen ihn schützen und jagen die Menschen fort. Sie sind böse und wollen wiederkommen. Noch einmal werden die Menschen von den Leoparden weggejagt. Anschließend wagen die Menschen nicht mehr wiederzukommen. Der Seelöwe hat jetzt vor den Menschen Ruhe. Er ist seinen Tierfreunden dafür dankbar. Die Tiere schließen mit dem Seelöwen Freundschaft.

Hier zeigte sich ein Konflikt zwischen dem Seelöwen und den Menschen, der nicht gelöst wurde. Aus diesem Grunde schien

eine Intervention angebracht. Der Seelöwe solle den Menschen doch sagen, dass er Angst vor ihnen habe und ihnen nicht ganz traue. Nun war zu erfahren, dass böse Menschen vom Schiff aus jeweils den Seelöwen gejagt hatten. Ein Mensch kommt jetzt auf die Idee, den Seelöwen zu streicheln. Der Seelöwe bekommt aber Angst und bedeutet dem Menschen, dass er verschwinden soll. Die anderen Tiere unterstützen den Seelöwen und gehen auf den Menschen los. Diese ziehen sich jetzt zurück. Ein Mann überlegt mit seinen Freunden, dass sie demzufolge den Seehund wieder mit Gewalt einfangen müssten. Die übrigen Tiere stellen sich aber wieder auf die Seite des Seelöwen, wollen dies nicht zulassen. Zum Schluss beißt ein Tiger den Mann ins Bein. Endlich hat der Seelöwe Ruhe.
Der Konflikt zwischen den gegnerischen Figuren wurde weiterhin ausgetragen, ohne dass es zu einer Verständigung kam. Die Interventionen hatten zum Ziel, den Kontakt anzuregen und die Positionen nicht zu fixieren. Es wäre wahrscheinlich zuviel verlangt, sofort eine positive Lösung zu finden. Anfangs scheint es genauso wichtig zu sein, negativ geprägte Beziehungsmuster zuzulassen.

In der dritten Sitzung platzierte der Junge wiederum den Seelöwen. Vier böse Menschen standen am Rand der Szene. Neben den Tigern, die den Seelöwen beschützten, befanden sich der Igel, die Schildkröte und die Schnecke. Die Geschichte ging weiter: Der Seelöwe schließt Frieden mit den übrigen Tieren. Sie feiern ein Fest, weil jetzt alle gut miteinander auskommen. Mit den Menschen gibt es keine Probleme mehr. Der Seelöwe ist den Tieren dankbar, weil sie geholfen haben, ihn zu beschützen. Er will zurück ins Meer gehen. Dort ist seine Familie. Er erzählt einer Frau, was er alles erlebt hat. Die bösen Leute bleiben aber in der Nähe. Sie suchen weiterhin den Kontakt zum Seelöwen. Sie haben immer noch die Idee, ihn doch noch zu schnappen. Der Seelöwe hört dies und wehrt sich. Ihm passt das nicht und er hat keine Lust, für andere Leute Kunststücke machen zu müssen. Er ist jetzt lieber bei seiner Familie. Er hat sie vorher sehr vermisst und ist jetzt dort glücklich.

Die Situation stellt wiederum den gleichen Konflikt dar, nämlich den Streit zwischen dem Seelöwen und den bösen Menschen. Offenbar kann dieser Konflikt nicht durch eine direkte Auseinandersetzung gelöst werden. Eher scheint es wichtig zu sein, die Situation durch eine Harmonisierung zwischen dem Seelöwen und den übrigen Tieren zu entschärfen. Unter dem Strich bleibt aber ein Gegensatz von guten und schlechten Figuren, die nichts miteinander zu tun haben wollen. Ebenso ist es im Moment für den Jungen wichtig, zu seiner Familie zu gehen, wo er Unterstützung und Ruhe findet. Ungelöst bleibt fürs Erste die Aufgabe, auf dieser sicheren Basis den Konflikt mit den bösen Menschen zu lösen. Dass dabei eine Abwehrfunktion am Werk sein könnte, wird durch die Schnecke, den Igel und die Schildkröte nahe gelegt. Es sind gepanzerte Tiere, die sich zu schützen wissen, auch wenn sie hier nicht weiter aktiv werden.

In der vierten Stunde verdeutlicht sich der Konflikt. Als Startfiguren dienten der Seelöwe, die Löwen, ein Mann, die Zwillinge, ein

Kind sowie Igel und Schildkröte. Die Geschichte geht weiter: der Seehund ist zu Hause, er will aber zurück zu seinen Freunden, den Tieren. Die Menschen sind immer noch da und gehen wiederum auf den Seelöwen los. Wie früher abgemacht, helfen ihm die übrigen Tiere. Doch die Menschen kommen noch einmal in der Nacht und nehmen den Seelöwen gefangen. Sie wollen ihn zu einem Showstar machen. Die Tierfreunde wollen ihn befreien, sie wissen aber nicht, wie sie das machen sollen. Nun gibt es in der Gegend auch liebe Menschen. Die Tiere bitten diese um Hilfe. Tatsächlich gelingt es, den Seelöwen zu befreien und die Tiere geleiten ihn zum See. Die bösen Menschen sind nun verärgert über die guten Menschen und schwören Rache. Ebenso sind sie verärgert über die Tierfreunde des Seelöwen.

Als vorläufiges Schlussbild stellte der Junge Folgendes auf: Im linken unteren Quadranten ist der Seelöwe im Teich. Daneben der Frosch und der Fisch. Außerhalb des Teiches liegen kreisförmig die guten Löwen und Tiger. Im rechten oberen Quadranten stehen die bösen Menschen. An diesem Punkt schien es ratsam zu intervenieren, um den Konflikt zwischen Gut und Böse nicht unverarbeitet stehen zu lassen. Bei dieser Konstellation geht es darum, dass der Patient zwischen Gut und Böse vermitteln soll. Er schlägt sich damit nicht auf die eine oder andere Seite. Er versucht, beide Pole zu integrieren, das heißt, dass beide Pole nebeneinander eine Daseinsberechtigung haben und es zu einem gegenseitigen Dialog kommt. Dafür soll der Patient sorgen. Er selbst übernimmt sowohl den einen wie auch den anderen Part. Der Therapeut ermuntert deshalb den Patienten, die beiden Parteien miteinander ins Gespräch zu bringen.

Die Bösen sagen den Guten noch einmal, dass sie den Seelöwen als Showstar haben wollen. Die Guten antworten, dass sie das nicht zulassen. Die Bösen wollen sich nicht darum kümmern und sehen nur ihren Showstar. Man kommt schließlich überein, den Seelöwen zu dieser Idee selber zu befragen. Auch hier spricht der Patient als Seelöwe und drückt klar aus, dass er kein Showstar werden wolle. Er wolle nur mit Freunden zusammen sein. Die Bösen sehen das jetzt ein und lassen den Seelöwen frei und unbelästigt. Nur ein böses Tier möchte plötzlich den Seelöwen fressen.

Es überlegt es sich aber anders. Der Seelöwe ist froh und es ergibt sich eine Freundschaft zwischen den Beteiligten. Insofern ist im Moment der Austausch zwischen Gut und Böse gelungen. Die Situation entspannt sich für den Moment, auch wenn der Grundkonflikt sicher noch nicht ganz gelöst ist.

In der fünften Stunde leben die Tiere weiterhin mit den Menschen in Frieden. Plötzlich beginnt der Wald, wo die Tiere leben, zu brennen. Die Tiere erschrecken. Sie haben jetzt keinen Wald mehr. Die Menschen kümmern sich um die Tiere und bringen sie in den Zoo. Schwierig wird dies für den Seelöwen, weil es kein Gewässer im Zoo gibt. So begleiten ihn die Tiere zum Meerr. Dort sieht der Seelöwe seine Artgenossen. Sie freuen sich über das Wiedersehen und machen ein Fest. Der Seelöwe bringt seine Familie mit
Es ergibt sich die Frage, wie es zu dem Waldbrand kommen konnte. Ein Knabe fragt den Tiger, was er im Wald genau beobachtet habe. Es sei ein Gewitter gekommen und ein Blitz habe in einen Baum eingeschlagen. So sei das alles passiert. Die Tiere seien

daraufhin zu den Menschen gelaufen und hätten ihnen berichtet, dass es brenne.
Im Zoo spielen ein paar kleine Tiger miteinander. Sie laufen von dort in den Wald zurück, verlaufen sich aber und vermissen die anderen Tiger. Die restlichen Tiere tauchen auch wieder im Wald auf. Alle Tiere sind wieder glücklich, weil sie an einem neuen Ort mit Bäumen sind. Die Menschen sind jetzt allerdings weg und haben nichts mehr zu sagen.

Dieser Abschnitt der Geschichte enthält folgende Ereignismomente: eine Bedrohung des unmittelbaren Umfeldes erfolgte durch den Waldbrand. Der begleitende Affekt ist jener des Erschreckens. Das Umfeld wird entzogen. Man kümmert sich jedoch um die Tiere und besorgt ihnen ein neues schützendes Umfeld. Kleine Tiger vermissen die Älteren. Der Seelöwe ist am Schluss mit seiner Familie zusammen. Menschen sind keine mehr da, sie haben dann »nichts mehr zu sagen«. Am neuen Ort sind die Tiere wieder glücklich.

Zusammengefasst ergibt sich bei diesem Geschehen eine Abfolge von folgenden Beziehungsmodis bzw. deren begleitenden Affekten: erschrecken, sich verwirren, jemanden vermissen, glücklich bei der Familie sein, Menschen getrennt erleben, die nichts zu sagen haben, und anschließend wieder das Glücklichsein am anderen Ort bzw. mit einer Familie.

Diese Affekte suchen sich hier eine Form, in der sie sich innerhalb einer Geschichte ausdrücken können. Um zu zeigen, dass diese Affekte nicht zufällig eine Geschichte motivierend mitkonstruieren, möchte ich hier ein paar anamnestische Daten einfügen, die zeigen, dass es eine Entsprechung zwischen Lebensgeschichte und aktuellem Beziehungsgeschehen in der Phantasiegeschichte gibt. Insofern werden so wesentliche Strukturen des Klienten bearbeitet.

Unser Junge erlebte sechs Wochen vor dem theoretischen Geburtstermin die Gefahr einer Frühgeburt. Nach vielen medizinischen Untersuchungen wurde die Geburt künstlich eingeleitet. Die Geburt selber verlief problemlos. Die Mutter meinte allerdings, dass die Aufregungen um den Schwangerschaftsverlauf das Baby beeinflusst hätten. Die Schwangerschaft sei für sie die schönste Zeit im Leben gewesen. Nach der Geburt verfiel die Mutter unerwartet in eine Manie. Sie konnte nicht mehr schlafen, bekam Medikamente, war sehr müde oder schlief zum Teil während des Tages. Während dieses manischen Schubs der Mutter musste das Baby wochenweise bei den Großeltern untergebracht werden. Zwischendurch lebte das Kind dann wieder bei der Mutter. Mit sechs Monaten wurde wegen eines Brechdurchfalls ein Krankenhausaufenthalt von ein paar Tagen nötig. Mit zwei Jahren bekam der Junge ein Geschwister. Wiederum löste dieses Ereignis einen manischen Schub bei der Mutter aus. Dies machte eine nochmalige Fremdunterbringung des Jungen notwendig. Auch später musste die Mutter von Zeit zu Zeit in der Klinik behandelt werden, so dass das Kind mehrmals in der Zwischenzeit von den Großeltern betreut wurde. Schließlich trennten sich die Eltern. Der Patient blieb bei seinem Vater und dessen zweiter Frau. Zur leiblichen Mutter blieb der Kontakt bestehen.

Fasst man diese Lebensgeschichte in den zentralen Affekten zusammen, ergibt sich im Wesentlichen die gleiche Abfolge, wie sie in der Phantasiegeschichte zutage getreten ist. Bei diesem Fall ergibt sich nun die Gelegenheit, die Natur des Zusammenhangs von Lebens- und Phantasiegeschichte im Figurenspiel grundsätzlich zu beleuchten. Entgegen dem psychoanalytischen Modell möchte ich hier keinen genetisch-kausalen Zusammenhang interpretieren. Wäre dies nämlich so, könnte man ohne Bedenken die Phantasiegeschichte in diesem Sinne deuten und das ganze Geschehen als Wiederholung oder Übertragung in die Phantasiegeschichte ansehen. Ebenso wären personelle Zuschreibungen im Sinne »in Wirklichkeit bedeutet das Tier in der Geschichte hier eine bestimmte Person in der realen Lebensgeschichte dort« die logische Folge einer solchen Betrachtungsweise. Meiner Ansicht nach ist eine solche Betrachtungsweise eine theoretische Konstruktion, die von einer logisch-kausalen Abfolge in der Psyche ausgeht, welche die Lebensgeschichte in aktuelle Beziehungsvarianten überführt. Hält man sich demgegenüber an das, was sich uns von der Lebensgeschichte und von der Phantasiegeschichte her zeigt, liegt es mir näher, das scheinbar Ähnliche als analoges Geschehen zu interpretieren. Damit ist man nicht gezwungen, rein kausale Verknüpfungen zwischen den beiden Bereichen zu suchen. Für den Klienten hat dies den Vorteil, dass keine willkürlichen Deutungen sein Verständnis strapazieren. Ein Seelöwe bleibt in der Geschichte ein Seelöwe, wie ihn der Klient als Seelöwen erlebt. Genauso bleibt ein anderes Tier das Tier, als was es erlebt wird. Trotzdem erlaubt die Auffassung von einem analogen Geschehen die Meinung, dass durch die Phantasiegeschichte auch die Lebensgeschichte bearbeitet wird. Sie wird darum bearbeitet, weil analoge Affekte ins Spiel kommen. Allerdings bleibt es nicht eine Verarbeitung der Vergangenheit, weil im Spielgeschehen immer auch neue Strategien und Lösungsmöglichkeiten gesucht werden. Das Figurenspiel ist deshalb sowohl analytisch wie auch synthetisch. Das Spielgeschehen widerspiegelt zwar die Lebensgeschichte, geht aber nicht in ihr auf.

Kommen wir nach diesem Exkurs wieder zum weiteren Therapieverlauf zurück. Als Startfigur für die sechste Stunde dienten Tiger, Menschen, Igel, Schnecke und der Seelöwe.

Die Tiere feiern ein Fest. Um drei Uhr morgens bricht plötzlich ein starkes Gewitter aus, das zwei bis drei Tage dauert. Das Meer steigt an. Die Tiere haben Angst und wollen sich einen anderen Platz suchen. Sie verzweifeln fast. Die Tiere gehen in den Wald. Das Unwetter beruhigt sich. Es gibt Schäden. Die Tiere räumen den Wald auf. Das Meer geht zurück. Jetzt kommen Menschen und wollen die Tiere aus dem Wald wegjagen. Sie sind wütend auf die Tiere. Die Tiere jagen jedoch die Menschen fort.
Der Affekt »Wut« drängt sich wieder in den Vordergrund und bestimmt den Verlauf der Geschichte. Endergebnis wäre – falls die Geschichte so weiterlaufen würde –, dass zwei Beziehungspartner, die aufeinander durch einen negativen Aspekt bezogen sind, nichts mehr miteinander zu tun haben wollen. Dadurch wird der Affekt nicht transformiert. Aus diesem Grunde lautete die Intervention, dass sich beide Parteien sagen sollen, was sie stört. Men-

schen: »Warum jagt ihr uns weg?« Tiere: »Wir haben Angst vor euch.« Menschen: »Gut, wir lassen euch im Wald, ihr dürft uns Menschen aber nichts machen. Lasst uns in Ruhe, so haben wir Frieden. Als Gegenleistung wollen wir euch helfen, wenn ihr in Not seid.« Beide Parteien können sich so einigen. Die Menschen sehen, dass sie nur verhandeln müssen, dann haben sie keine Probleme miteinander.

Der Igel und die Schnecke, die bis dahin in der Szene keine große Rolle gespielt haben, fühlen sich plötzlich erschöpft, aber glücklich. Dem Seelöwen geht es gut. Er ist froh, dass wieder Frieden herrscht mit den Menschen.

Das Beispiel zeigt, dass miteinander verfeindete Gegner ins Gespräch kommen können. Dabei verbessert sich die Stimmung der beteiligten Tiere. Eindrücklich ist die Reaktion von Igel und Schnecke, die sich von ihrer Bedeutung her eignen, Abwehrfunktionen zu symbolisieren. Nach der Auseinandersetzung steigt quasi die positive Energie der Streitpartner, dafür sinkt die Energie der symbolisierten Abwehr und ihre Gelassenheit nimmt zu.

Im Schlussbild für das Foto ist im linken unteren Quadranten der Seelöwe in nahem Kontakt zu Igel und Schnecke. Rechts vom Seelöwen sind halbkreisförmig Tiger, Löwe und Menschen. Alle Figuren bilden fast einen Kreis, der nach vorne rechts offen ist. Von Jungschen Therapeuten erfahren wir, dass die Kreisform vielfach dann auftaucht, wenn der Patient auf dem Weg zur Ganzheit ist.

In der siebten Stunde halten die Tiere sich im Wald auf. Sie sind froh, dass die Menschen sie in Ruhe lassen. Plötzlich hören sie eine Feueralarmglocke. Ein Feuer ist in der Stadt ausgebrochen, ein Haus brennt. Die Bewohner dieses Hauses flüchten in den Wald. Dort leben sie bei den Tieren. Sie sind froh, dass sie dort bleiben können. Zwei Monate später gehen die Menschen zum Wiederaufbau in die Stadt. Die Menschen sind den Tieren sehr dankbar, weil sie in der Not aufgenommen wurden. Sie sind jetzt gute Freunde.

Ein Igel wird im Wald vermisst. Ein Tiger findet ihn tot. Der Igel hatte eine Rauchvergiftung. Zum Begräbnis kommen alle Tiere, auch ein paar Menschen. Sie gehen später jeden Tag zum Grab.

Alle sind über den Tod des Igels traurig, aber auch glücklich, weil ein neuer Tiger auf die Welt kam.

Im letzten Satz war ein Versprecher zu beobachten. Der Patient meinte, dass ein neuer Igel zur Welt gekommen sei, sagte aber »Tiger«. Erst später im anschließenden Gespräch wurde dies deutlich. Dass bei der Überwindung des Streites zwischen Menschen und Tieren der Igel als mögliche Abwehrfunktion überflüssig wurde, erstaunt nicht. Dass dafür etwas Neues, Lebendiges geboren wird, der neue Tiger, auch wenn dies gedanklich noch mit dem Igel assoziiert wird, ist ebensowenig erstaunlich. Zum Verlauf der Geschichte meinte der Knabe, dass jetzt eben andere, neue Menschen mit den Tieren zu tun hätten. Früher hätten beide Parteien auch keinen eigentlichen Streit gehabt, sondern nur Angst voreinander. Im Schlussbild mischte er Tiere und Menschen zum Zeichen dafür, dass sie jetzt Freunde seien. Anschließend meinte er noch, die Holzfiguren würden ihn aufgrund ihrer Schönheit faszinieren.
Am Inhalt der Geschichte fällt auf, dass Beruhigung und Beunru-

higung sich nach wie vor als Grundstimmung abwechseln. Weiterhin wird der Lebensbereich der Menschen bedroht, so dass man von dort flüchten muss. Die Menschen werden in der Not woanders aufgenommen, können später aber in ihre alte Umgebung zurück. Positiv ist die autonome Leistung des Wiederaufbaus, ohne dass dafür eine Intervention nötig gewesen wäre. Menschen und Tiere als Beziehungspartner, die einander vertreiben wollten, werden szenisch am Schluss nicht in isolierten Gruppen positioniert, sondern in gemischter Gruppe dargestellt. Sie sind sich näher gekommen.

In der achten Stunde bauen die Menschen ihre Stadt auf. Die Tiere bleiben im Wald. Da das Wetter lange schön war, ist in der Zwischenzeit der Fluss ausgetrocknet. Die Tiger haben nichts mehr zu trinken. Demgegenüber haben die Menschen im Überfluß zu trinken. Die Tiere bitten deshalb die Menschen um Wasser. Zusammen ergibt sich die Idee, eine Wasserleitung zu bauen. Die Tiere sind froh darüber. Doch die Menschen bekommen Pro-

bleme, eine Wasserleitung ist geplatzt. Man muss die Rohre reparieren. Die Tiere betonen anschließend den guten Gemeinschaftsgeist aller Beteiligten. Zwischen Menschen und Tieren herrscht Friede. Doch plötzlich ist der Seelöwe verschwunden. Die Tiere wissen, dass er aus »Nahrungsmangel in See gestochen« sei. Die Tiere sind traurig, sie denken aber, dass der Seelöwe wiederkommen werde. Dafür taucht ein Esel auf. Er erzählt, sein Herr wollte ihn schlachten, weil er nichts mehr wert sei. Er habe keine Freunde. Die Tiere laden den Esel ein, bei ihnen zu bleiben. Der Esel ist glücklich.
Die Tiere scheinen zwar in dieser Stunde den Menschen näher, kommen aber zu kurz in ihren vitalen Bedürfnissen. Positiv ist, dass dagegen etwas unternommen wird. Allerdings scheint das im Moment nicht zu genügen. Dem Seelöwen geht es offenbar immer noch schlecht, speziell er kommt nicht auf seine Rechnung und geht deshalb an einen anderen Ort. Von irgendwoher taucht anschließend der Esel auf. Sein Selbstwertgefühl ist angeknackst, was für ihn fast tödliche Folgen gehabt hätte. Auch hier ist positiv zu vermerken, dass etwas für den Esel getan wird.

In der neunten Stunde entdeckt die Schnecke, dass der Seelöwe wieder auftaucht. Alle Tiere laufen zum See. Der Seelöwe erklärt sein Verschwinden mit dem Wassermangel. Im Meer habe er zum Glück viel Wasser und Nahrung gefunden. Allerdings sei dort ein Wal aufgetaucht, der ihn nur ungern in seinem Revier toleriert habe. Er sei von ihm fast gefressen worden. Er dulde keine Konkurrenten, die ihm alles wegfressen. Der Esel und der Seelöwe schließen nun besonders Freundschaft. Sie geben sich die Hände. Dann taucht eine Frau aus dem Dorf auf. Sie hätten dort jetzt eine Hungersnot und zu wenig Wasser. Die Frau darf vom nahen Apfelbaum einige Äpfel plücken.
Auch in dieser Stunde wechselt das Geschehen zwischen Befriedigung vitaler Bedürfnisse in Form von Nahrung und Wasser sowie deren Mangel. Eine Sättigung und Beruhigung in dieser Hinsicht ist noch nicht erreicht. Allerdings findet sich hier auch wieder ein Weg, wie vorgegangen werden kann.
In der zehnten Stunde feiern die Tiere ein Fest, dabei werden Ra-

keten abgebrannt. Eine Rakete verletzt ein Tier im Wald. Die Bäume fangen wegen dieser Rakete an zu brennen. Die Tiere löschen das Feuer aber schnell und retten die verletzten Tiere. Eine Giraffe und ein Elefant tauchen auf. Sie erzählen, dass sie im Zoo gefangen gehalten wurden. Sie würden das nicht mehr aushalten und seien geflohen. Die Wärter hätten in der Folge auch nicht groß nach ihnen gesucht. Die Tiere nehmen die Beiden in ihre Gemeinschaft auf. Besondere Freude haben sie am starken Elefanten. Sie sind jetzt eine richtig große Familie. Sie finden es auch gut, dass die Menschen in ihrer Nähe sind. Alle zusammen feiern Geburtstag, weil sie jetzt ein Jahr zusammen sind. Sie leben in Saus und Braus und sind glücklich.
Auf dem Schlussbild stehen Tiere und Menschen halbkreisförmig da und bilden eine Einheit.

Zum ersten Mal ändert sich die Stimmung deutlich. Neben der Verletzung, die über das Tier erfahren wird und dem Waldbrand, der weiterhin für kurze Zeit eine Gefahr darstellt, kristallisiert

sich eine Feststimmung heraus. Selbst beim Waldbrand gelingt es, ihn in kurzer Zeit unter Kontrolle zu bringen. Eine Giraffe und der starke Elefant wissen jetzt nicht mehr von vitaler Ermangelung zu sprechen, sondern von mangelnder Freiheit. Selbst diese wissen sie sich jetzt zu nehmen. Die zurückhaltende Kraft in Form der Wärter ist kein Problem mehr. Die Aufnahme dieser Tiere tut dem Gemeinschaftsgefühl gut. Der ursprüngliche Konflikt zwischen Menschen und Tieren ist gelöst. Wie im Märchen üblich, lässt es sich bei einem Happy End gut in Saus und Braus leben.
Gleichzeitig mit dem guten Ende der Geschichte nahm die Motivation des Jungen an der Therapie etwas ab. Obwohl sie relativ kurz, das heißt ein halbes Jahr gedauert hatte, fand der Junge, dass es ihm gut gehe. In der Folge verlagerte sich in der Therapie die Aktivität noch eine Zeitlang auf anderes als das Figurenspiel, wie Gespräche oder andere Spiele. Wenn es auch klar ist, dass die beschriebenen zehn Stunden szenischen Spiels nicht eine psychische Struktur grundsätzlich ändern, ist doch ein großer Schritt in Richtung Verarbeitung gemacht worden, der andere Potentiale freisetzen und eine gute Entwicklung in Gang setzen kann.

Schließlich möchte ich noch darauf hinweisen, dass es einigen Kindern schwerfällt, über längere Zeit eine einzelne Geschichte weiterzuführen. Statt dessen hören sie nach einer Sequenz auf und versuchen einen Neuanfang. Oft zeigt sich dabei, dass zwar einzelne Figuren wechseln, der Kontext der Geschichte mag ein anderer sein, doch die Grundthematik zieht sich weiter. In diesem Fall, aber auch wenn tatsächlich eine völlig neue Thematik auftaucht, kann dies mit den gleichen Grundprinzipien therapeutisch weiterbearbeitet werden.

Literatur

Axline V. M. (1984), Kinder-Spieltherapie im nicht-direktiven Verfahren. Reinhardt, München

Bachmann H. I. (1985), Malen als Lebensspur. Klett-Cotta, Stuttgart

Baumgärtel F. et. al. (1975), Training der Kinderpsychotherapie. Pfeiffer, München

Biermann G. (1969), Handbuch der Kinderpsychotherapie, Bd. 1, 2 Reinhardt, München

Blanck G., Blanck R. (1980), Ich-Psychologie II. Klett-Cotte, Stuttgart

Boss M. (1971), Grundriss der Medizin. Huber, Bern

Boss M. (1974), Der Traum und seine Auslegung. Kindler, München

Boss M. (1979), Von der Psychoanalyse zur Daseinanalyse, Europaverlag, Wien, München, Zürich

Boss M. (1994), Martin Heidegger, Zollikoner Seminare. V. Klostermann, Frankfurt a. M.

Condrau G. (1976), Angst und Schuld als Grundproblem der Psychotherapie. Suhrkamp, Berlin

Condrau G. (1992), Sigmund Freud und Martin Heidegger. Universitätsverlag, Freiburg/Schweiz

Deegener G. (1990), Grundlagen der Psychotherapie bei Kindern und Jugendlichen. Belz, Weinheim

Dührssen A. (1980), Psychotherapie bei Kindern und Jugendlichen. Vandenhoeck u. Ruprecht, Göttingen

Emert C. (1994), Spielverhalten im Scenotest. H. Huber, Bern

X Fahrig H. (1991), Die veränderte Kraft der phantasierten Wirklichkeit. In: Lehmkuhl U.: Therapeutische Aspekte und Möglichkeiten in der Kinder- und Jugendpsychiatrie. Springer, Berlin

Freud A. (1971), Wege und Irrwege der Kinderentwicklung. Huber, Bern und Klett, Stuttgart

Freud A. (1981), Die Schriften der Anna Freud. 10 Bde. Kindler Studienausgabe. Kindler, München

Freud S. (1943), Gesammelte Werke, Bd. 8. Fischer, Frankfurt a. M.

Freud S. (1971), Selbstdarstellung. Fischer, Frankfurt a. M.

Freud S. (1971), Über Träume und Traumdeutung. Fischer, Frankfurt

Franzke E. (1985), Märchen und Märchenspiel in der Psychotherapie. Huber, Bern

Gubelmann-Kull S. (1995), Ein Ich wächst aus Bewusstseinsinseln. Walter, Solothurn, Düsseldorf

Heidegger M. (1972), Sein und Zeit. Niemeyer, Tübingen

Herzka M. S. und Reukauf W. (1989), Zur Methodenintegration in der Kinder- und Jugendpsychiatrie. In: Klosinski G.: Psychotherapeutische

Zugänge zum Kind und zum Jugendlichen. Huber, Bern, Stuttgart, Toronto
Holzhey-Kunz A. (1994), Leiden am Dasein. Passagen, Wien
Kalff D. M. (1979), Sandspiel. Rentsch, Erlenbach
Klein M. (1987), Die Psychoanalyse des Kindes. S. Fischer, Frankfurt a. M.
Krucker W. (1995), Partner der Innenwelt. Walter, Solothurn, Düsseldorf
Metzmacher B., Petzold H., Zaepfel H. (1996), Praxis der Integrativen Kindertherapie. Junfermann, Paderborn
Oaklander V. (1984), Gestalttherapie mit Kindern und Jugendlichen. Klett-Cotta, Stuttgart
Pearson G. (1972), Handbuch der Kinder-Psychoanalyse. Kindler, München
Petzold H. und Ramin G. (1987), Schulen der Kinderpsychotherapie. Junfermann, Paderborn
Reukauf W. (1985), Kinderpsychotherapien. Schwabe, Basel
Sandler J. et al. (1982), Kinderanalyse. Gespräche mit Anna Freud. S. Fischer, Frankfurt a. M.
Schmeer G. (1994), Krisen auf dem Lebensweg. Pfeiffer, München
Schmidtchen S. und Baumgärtel F. (1980), Methoden der Kinderpsychotherapie. Kohlhammer, Stuttgart
Schmidtchen S. (1991), Klientenzentrierte Spiel- und Familientherapie. Psychologie Verlagsunion, Weinheim
von Staabs G. (1968), Der Szenotest. Huber, Bern
Tausch R. (1970), Gesprächspsychotherapie. Hogrefe, Göttingen
Winnicott D. W. (1985), Von der Kinderheilkunde zur Psychoanalyse. Fischer, Frankfurt a. M.
Zulliger H. (1967), Heilende Kräfte im Spiel. Klett, Stuttgart

Das Spielset – oder auch einzelne Figuren – sind zu beziehen über:
Pipps Spielzeuge
Postfach
CH-5424 Unterehrendingen.